Educación: libre y obligatoria

Murray Rothbard

INSTITUTO**MISES**
AUBURN, ALABAMA

Esta obra fue publicada originalmente en los números de abril y julio-agosto de 1971 de The Individualist, y luego revisada y publicada por el Center for Independent Education en 1979.

Esta edición recupera el texto original. Gracias a la becaria de verano del Instituto Mises, Candice Jackson, por su ayuda editorial, y al miembro del Instituto Richard Perry por el índice.

El póster de propaganda escolar del gobierno estadounidense de la Segunda Guerra Mundial, reproducido en la portada, es una ilustración adecuada del ideal del Estado
del Estado para la educación.

Traducción: Fabricio Terán
http://creativecommons.org/licenses/by/3.0/
Instituto Mises
518 West Magnolia Avenue
Auburn, Alabama 36832
Mises.org

CONTENTS

LA EDUCACIÓN DEL INDIVIDUO

Todo niño humano llega al mundo privado de las facultades características de los seres humanos completamente desarrollados. Esto no incluye simplemente la capacidad de ver claramente, de moverse a su alrededor, de alimentare a sí mismo, etc.: sobre todo, significa que está privado del poder de razonar, el poder que distingue a los hombres de los animales. Pero la distinción esencial entre el bebé y otros animales es que estos poderes, en particular la capacidad de razonar, están potencialmente en él. El proceso de crecimiento es el proceso de desarrollo de las facultades del niño. De un estado de desvalimiento e incompetencia similar al que sufren los animales recién nacidos, el niño crece hasta la gloria de convertirse en un adulto completo. Como son inmediatamente evidentes para los sentidos, es fácil sobreestimar la naturaleza puramente física de estos cambios: el crecimiento del niño en altura y peso, aprendiendo cómo andar y hablar, etc., puede verse en los términos aislados de las actividades físicas o musculares afectadas. La característica más abrumadoramente importante del proceso de crecimiento es mental, el desarrollo de poderes mentales, de percepción y razón. El niño que usa los nuevos poderes mentales aprende y adquiere conocimiento, conocimiento no solo del mundo que le rodea, sino también de sí mismo. Así, su aprendizaje de andar y hablar y su gestión de estos poderes dependen de su capacidad mental para adquirir este conocimiento y usarlo. Al ir ejercitando el niño su nuevo razonamiento, así como poderes musculares, estos poderes crecen y se desarrollan, lo que a su vez crea un impulso para un mayor ejercicio de estas facultades por parte del niño. En concreto, el niño aprende sobre el mundo que le rodea, otros niños y adultos y sus propios poderes mentales y físicos.

Todo niño que llega al mundo llega en un cierto entorno. Este entorno consta de cosas físicas, naturales y artificiales y otros seres humanos con quienes entra en contacto de distintas maneras. Es en este entorno en el que ejercita sus poderes en desarrollo. Su razón se forma juicios acerca de otra gente, acerca de sus relaciones con ella y con el mundo en general; su razón le revela sus propios deseos y sus poderes físicos. De esta manera, el niño en crecimiento, trabajando con su entorno, desarrolla fines y descubre medios para alcanzarlos. Sus fines se basan en su propia personalidad, los principios morales que ha concluido que son los mejores y sus gustos estéticos; su conocimiento de los medios se basa en lo que ha aprendido que es más apropiado. Este cuerpo de «teoría» en el que cree lo ha adquirido con los poderes del razonamiento, ya sea de su experiencia directa o de la de otros o de la deducción lógica por sí mismo o por otros. Cuando finalmente llega a adulto, ha desarrollado sus facultades en la medida en que haya podido y ha adquirido una serie de valores, principios y conocimientos científicos.

Todo el proceso de crecimiento, de desarrollar todas las facetas de la personalidad de un hombre, es su educación. Es evidente que una persona adquiere su educación en todas las actividades de su infancia: todas sus horas despiertos se dedican a aprender de una manera u otra.[1]

Es claramente absurdo limitar el término «educación» a la escolarización formal de una persona. Está aprendiendo todo el tiempo. Aprende y forma ideas sobre otra gente, sus deseos y acciones para lograrlos, el mundo y las leyes naturales que lo gobiernan y sus propios fines y como alcanzarlos. Formula ideas sobre la naturaleza del hombre y cuáles deben ser sus propios fines y los de otros a la vista de esta naturaleza. Es un proceso continuo y es evidente que la escolarización formal solo contribuye en parte a este proceso.

En un sentido fundamental, por cierto, todos somos

«autodidactas». Un entorno, físico o social, de una persona no «determina» las ideas y conocimientos con los que llegará a adulto. Un hecho fundamental de la naturaleza humana es que las ideas de una persona las forma uno mismo; otros pueden influirle, pero nadie puede determinar absolutamente las ideas y valores que adoptará o mantendrá el individuo a lo largo de la vida.

---

[1] También los adultos se dedican a aprender a lo largo de sus vidas, sobre sí mismos, otra gente y el mundo. Sin embargo, como sus poderes de razonamiento, al contrario que los del niño, ya están desarrollados, no se explicarán aquí.

INSTRUCCIÓN FORMAL

Si todos estamos aprendiendo constantemente y la vida de cada niño es su educación, ¿por qué se necesita una educación formal? La necesidad de una instrucción formal deriva del hecho de que las facultades de un niño están subdesarrolladas y son solo potenciales y de que necesitan experiencia para desarrollarse. Para que tenga lugar este ejercicio, el niño necesita los materiales del entorno sobre los que pueda operar y con los que pueda trabajar. Ahora bien, está claro que en una gran parte de su educación general, no necesita una instrucción sistemática y formal. Casi siempre hay espacio disponible para que se desarrollen y ejerciten sus facultades físicas. Para esto no hace falta instrucción formal. Si se le proporciona comida y alojamiento, crecerá físicamente sin mucha instrucción. Sus relaciones con otros (miembros de la familia y extraños) se desarrollarán espontáneamente en el proceso de vivir. En todos estos asuntos, un niño ejercitará espontáneamente sus facultades sobre estos materiales abundantes en el mundo que le rodea. Los preceptos que se necesitan pueden impartirse de forma relativamente simple sin necesidad de estudio sistemático.

Pero hay un área de la educación en la que la espontaneidad directa y unos pocos preceptos no bastan. Es el área del estudio formal, concretamente el área del conocimiento intelectual. Ese conocimiento más allá del área directa de su vida diaria incluye un ejercicio mucho mayor de poderes de razonamiento. Este conocimiento debe impartirse por el uso de la observación y el razonamiento deductivo y ese cuerpo de pensamiento requiere una buena cantidad de tiempo para aprender. Además, debe aprenderse sistemáticamente, ya que el razonamiento procede en pasos ordenados y lógicos, organizando la observación en un cuerpo sistemático de conocimiento.

El niño, al faltarle las experiencias y los poderes desarrollados de razonamiento, no aprenderá nunca estos temas solo por sí mismo, como puede hacer con otras cosas. No podría observarlos y deducirlos con sus propios poderes mentales sin ayuda. Puede aprenderlos de las explicaciones orales de un instructor o del testimonio escrito de los libros o de una combinación de ambos. La ventaja del libro es que puede exponer el tema completa y sistemáticamente; la ventaja de maestro es que, además del conocimiento previo del libro, conoce y trata directamente al niño y puede explicar los puntos relevantes o poco claros. Por lo general, se ha entendido que una combinación de libro y maestro es lo mejor para una instrucción formal.

Por tanto, la instrucción formal se ocupa del cuerpo de conocimiento sobre ciertos temas concretos. Estos temas son: ante todo, leer, de forma que el niño tenga una soberbia herramienta para adquisición futura de conocimiento y, como corolario, las diversas «artes del lenguaje», como la ortografía y la gramática. Escribir es otra poderosa herramienta en el desarrollo mental del niño. Después de dominar estas herramientas, la instrucción procede naturalmente a un desarrollo lógico: la lectura se dedicará a temas como las leyes naturales del mundo (ciencias naturales); la historia del desarrollo humano, sus fines y acciones (historia, geografía) y posteriormente las «ciencias morales» del comportamiento humano (economía, política, filosofía, psicología) y los estudios imaginativos humanos del hombre (literatura). La escritura se ramifica en ensayos sobre estos diversos temas y en su composición. Una tercera herramienta elemental de gran poder es la aritmética, empezando con números simples y llegando a ramas más desarrolladas de las matemáticas. De estos temas fundamentales, leer es de la máxima importancia y para esto el aprendizaje del alfabeto es la herramienta principal y lógica.

Se ha puesto de moda burlarse de la importancia de las «cuatro reglas», pero es evidente que son de enorme importancia: cuanto antes de aprendan bien, antes será el niño capaz de absorber la inmensa área de conocimiento que constituye la gran herencia de la civilización humana. Son las llaves que abren las puertas del conocimiento humano y las puertas para el florecimiento y desarrollo de los poderes mentales del niño. También está claro que no hace falta instrucción formal sobre «cómo jugar», «adaptarse al grupo», «seleccionar un dentista» y multitud de «cursos» similares dados en la «educación moderna». Y como no hay necesidad de una enseñanza formal en áreas físicas o directamente espontáneas, no hay necesidad de instrucción en «educación física» o en pintar con los dedos.[2]

DIVERSIDAD HUMANA E INSTRUCCIÓN INDIVIDUAL

Uno de los hechos más importantes de la naturaleza humana es la gran diversidad entre individuos. Por supuesto, hay ciertas características amplias, físicas y mentales, que son comunes a todos los seres humanos.[3] Pero, más que cualquier otra especie, los hombres individuales son individuos distintos e independientes. No solo cada huella dactilar es única, sino que también cada personalidad es única. Cada persona es única en sus gustos, intereses, habilidades y actividades escogidas. Las actividades animales, rutinarias y guiadas por el instinto, tienden a ser uniformes y similares. Pero los individuos humanos, a pesar de similitudes en fines y valores, a pesar de influencias mutuas, tienden a expresar la huella única de la propia personalidad del individuo. El desarrollo de variedad individual tiende a ser al tiempo causa y efecto del progreso de la civilización. Al progresar la civilización, hay más posibilidades para el desarrollo del razonamiento y gustos de una persona en una creciente variedad de campos. Y de esas oportunidades viene el avance del conocimiento y el progreso, que a su vez se añaden a la civilización de la sociedad. Además, es la variedad de intereses y talentos individuales lo que permite el crecimiento de la especialización y la división del trabajo, de la cual dependen las economías civilizadas. Como expresaba el reverendo George Harris:

El salvajismo es uniformidad. Las principales distinciones son sexo, edad, tamaño y fuerza. Los salvajes (...) piensan igual o nada en absoluto y por tanto conversan en monosílabos. Apenas hay variedades, solo una horda de hombres, mujeres y niños. La siguiente etapa superior, a la que se llama barbarismo, está marcada por una mayor variedad de funciones. Hay alguna división del trabajo, algún intercambio de pensamiento, mejor liderazgo, un mayor cultivo intelectual y estético. La etapa superior, a la que se llama civilización, muestra el máximo grado de especialización. Las distintas funciones se hacen más numerosas. Se multiplican las ocupaciones mecánicas, comerciales, educativas, científicas, políticas y artísticas. Las sociedades rudimentarias se caracterizan por la probabilidad de igualdad; las sociedades desarrolladas se caracterizan por la improbabilidad de desigualdad o variedad. Al bajar, monotonía; al subir, variedad.

---

[2] Por supuesto, posteriormente en la vida, el joven puede realizar cursos concretos en deportes, pintura o música, pero esto es muy diferente, ya que sería un estudio sistemático del tema como especialidad.

[3] Para otros escritos sobre individualidad biológica y psicología, ver Roger J. Williams, *Free and Unequal* (1953), y *Biochemical Individuality* (1956); Gordon W. Allport, *Becoming* (1955) y Abraham H. Maslow, *Toward a Psychology of Being* (1962) [Publicado en España como *El hombre autorrealizado: hacia una psicología del ser* (Barcelona: Kairós, 2014)].

Mientras bajamos, las personas son más iguales; mientras subimos las personas son más desiguales, eso parece (…) como si [la] aproximación a la igualdad fuera un declive hacia las condiciones del salvajismo y como si la variedad fuera un avance hacia una mayor civilización (…) Así que, sin duda, si el progreso se logra añadiendo satisfacciones, debe haber aún más variedad de funciones, nuevas y más finas diferenciaciones en formación y objetivos. Todo paso de progreso significa el añadido de un factor humano que es de alguna manera distinto de todos los factores existentes. Así que el progreso de la civilización (…) debe ser un aumento en la diversificación de los individuos que componen la sociedad (…) Debe haber una articulación de cada nueva invención y arte, de conocimiento fresco y de una aplicación más amplia de principios morales.[4]

Con el desarrollo de la civilización y la diversidad individual, cada vez hay menos espacio para la uniformidad idéntica y por tanto menos «igualdad». Solo los robots en las líneas de ensamblado o las briznas de hierba pueden considerarse como completamente iguales, como idénticos con respecto a todos sus atributos. Cuantos menos atributos tengan dos organismos en común, menos «iguales» y más desiguales serán. Los seres humanos civilizados, por tanto, son desiguales en la mayoría de sus personalidades. Este hecho de la desigualdad, en gustos y en habilidad y en carácter, no es necesariamente una distinción odiosa. Simplemente refleja el ámbito de la diversidad humana.Es evidente que el entusiasmo común por la igualdad es, en un sentido esencial, antihumano. Tiende a reprimir el florecimiento de la personalidad y diversidad humana y la propia civilización; es una deriva hacia la uniformidad salvaje. Como habilidades e intereses son naturalmente diversos, una deriva hacia hacer igual a la gente en todos o la mayoría de los aspectos es necesariamente una nivelación a la baja. Es una deriva contra el desarrollo del talento, el genio, la variedad y el poder de razonar. Como niega los mismos principios de la vida humana y el crecimiento humano, la religión de la igualdad y la uniformidad es una religión de muerte y destrucción.

Sin embargo, hay un sentido en el que la igualdad entre hombres es sensata y beneficiosa. Cada individuo debería tener el ámbito más libre posible para el desarrollo de sus facultades y su personalidad. Para tener este ámbito, debe estar libre de violencia contra él. La violencia solo puede reprimir y destruir el crecimiento y esfuerzo humanos y ni la razón ni la creatividad funcionan bajo una atmósfera de coacción. Si cada persona tiene una defensa igual contra la violencia, esta «igualdad ante la ley» le permitirá maximizar sus potencialidades.

Como cada persona es un individuo único, está claro que el mejor tipo de instrucción formal es aquel tipo que esté ajustado a su propia individualidad concreta. Cada niño tiene distinta inteligencia, aptitudes e intereses. Por tanto, la mejor elección de ritmo, plazo, variedad y manera y de los cursos de instrucción diferirá ampliamente de un niño a otro. Un niño está mejor dotado, en intereses y habilidades, para un curso intensivo de aritmética tres veces por semana, seguido seis meses después por un curso similar en lectura; otro puede requerir un periodo breve de varios cursos; un tercero puede necesitar un largo periodo de instrucción en lectura, etc. Dados los cursos formales y sistemáticos de instrucción, hay una variedad infinita de ritmos y combinaciones que pueden ser los más apropiados para cada niño en particular.

Por tanto, es evidente que el mejor tipo de instrucción es la instrucción individual. Un curso en el que un maestro instruye a un alumno es con mucho el mejor tipo de curso. Solo bajo esas condiciones las potencialidades humanas pueden desarrollarse hasta su máximo grado. Está claro que la escuela formal, caracterizada por clases en las que un maestro instruye a muchos niños, es un sistema enormemente inferior. Como cada niño difiere del otro en interés y capacidad y el maestro solo puede enseñar una cosa cada vez, es evidente que toda clase escolar debe poner toda la instrucción dentro de un molde uniforme. Independientemente de cómo instruya el maestro, a qué ritmo, plazo o variedad, está violentando a todos y cada uno de los niños. Cualquier escolarización implica ajustar a cada niño a una cama de Procusto de inapropiada uniformidad.

---

[4] George Harris, *Inequality and Progress* (Boston: Houghton, Mifflin, 1898), pp. 74-75, 88 y *passim*.

¿Qué diríamos entonces de las leyes que imponen la escolarización obligatoria de todos los niños? Estas leyes son endémicas en el mundo occidental. En aquellos lugares en que se permiten escuelas privadas, todas deben cumplir con los estándares de instrucción impuestos por el gobierno. Pero la injusticia de imponer cualquier estándar debería estar clara. Algunos niños son menos listos y deberían ser instruidos a un ritmo más lento;

los niños brillantes requieren un ritmo rápido para desarrollar sus facultades. Además, muchos niños son muy capaces en una asignatura y muy malos en otra. Sin duda, debería permitírseles desarrollarse en sus mejores asignaturas y abandonar las peores. Sean cuales sean los estándares que imponga el gobierno a la instrucción, hay injusticia para todos: para los torpes que no pueden absorber ninguna instrucción, para aquellos con distintos tipos de aptitudes en distintas asignaturas y para los niños brillantes cuyas mentes preferirían estar en otra parte en cursos más avanzados, pero que deben esperar a los torpes les alcancen de nuevo. Igualmente, cualquier ritmo que el maestro establezca en clase genera una injusticia para casi todos: para los torpes que no pueden seguirle y eparan los brillantes que pierden el interés y preciosas oportunidades para desarrollar su gran potencial.

Evidentemente, la peor injusticia es la prohibición de enseñanza parental de sus propios hijos. La instrucción parental se ajusta a la situación ideal. Es, ante todo, instrucción individualizada, tratando el maestro directamente con el niño único y dirigiéndole hacia sus capacidades e intereses. Segundo,¿qué persona puede conocer las aptitudes y personalidad del niño mejor que sus propios padres? La familiaridad diaria de los padres y su amor por sus hijos les hacen cualificados de manera única para dar al niño la instrucción formal necesaria. Aquí el niño recibe atención individual para su propia personalidad. Nadie está tan cualificado como el padre que sabe cuánto o a qué ritmo debería enseñar al niño, qué requerimientos del niño no necesitan guía, etc.Casi todos los padres están cualificados para enseñar a sus hijos, particularmente en los temas elementales. Quienes no estén cualificados en los temas pueden contratar tutores individuales para sus hijos. También pueden contratar tutores los padres que no tengan tiempo para dedicar a la instrucción formal de sus hijos. Si deben o no realizar ellos mismos la formación o qué tutor es el mejor para sus hijos, es algo que se determinan mejor bajo la supervisión general directa de los padres. Los padres pueden determinar el progreso del niño, el efecto diario del tutor sobre el niño, etc.

Además de la instrucción parental y tutorial, los padres pueden enviar a los hijos a escuelas privadas. Sin embargo, esta alternativa no es tan satisfactoria, debido a la necesaria falta de instrucción y ritmo individuales. Hay clases con muchos niños, tiempos establecidos para los cursos, grados establecidos, etc. La única razón para las escuelas en lugar de la instrucción individual es la económica: que el precio de la tutoría individual es prohibitivo para la mayoría de los padres. Consecuentemente, deben adoptar la única alternativa práctica de la tutoría en masa, donde el maestro instruye a muchos niños a la vez. Está claro que esas escuelas privadas son una solución inferior a la instrucción individual. Cualquiera que sea el ritmo que establezca en maestro, se comete una injusticia con los niños. Si el Estado obliga a ciertos «estándares» en las escuelas privadas, se comete un delito mucho peor contra los niños. Pues si la selección de instrucción de los padres es completamente libre y no está intervenida por la coacción del Estado, ellos, conociendo y amando más a sus niños, serán capaces de seleccionar el mejor tipo de instrucción que puedan permitirse. Si contratan tutores, elegirán a los más competentes para sus hijos. Si pueden elegir cualquier tipo de escuela privada, seleccionarán el tipo que sea más apropiado para su hijo. La ventaja de un desarrollo ilimitado de las escuelas privadas es que en el mercado libre tenderá a desarrollarse un tipo distinto de escuela para cada tipo de demanda. Tenderán a crearse escuelas especiales para niños brillantes, para niños medios y para torpes, para aquellos con aptitudes amplias y para aquellos para quienes sería mejor especializarse, etc. Pero si el Estado decreta que no puede haber escuelas que, por ejemplo, no enseñen aritmética, eso significará que aquellos niños que puedan ser brillantes en otras asignaturas por tienen poca o ninguna aptitud para la aritmética tendrán que someterse a un sufrimiento innecesario. La imposición de estándares uniformes por el Estado es una grave violación a la diversidad humana de gustos y habilidades.

El efecto de las leyes de escolarización obligatoria del Estado no es solo reprimir el crecimiento de escuelas privadas especializadas y parcialmente individualizadas para las necesidades de distintos tipos de niños. También impide la educación del niño por la gente que, en muchos aspectos, está mejor cualificada: sus padres. El efecto es también mandar obligatoriamente a las escuelas a niños que tienen poca o ninguna aptitud en absoluto para la instrucción. También ocurre que entre la variedad de capacidades humanas hay un gran número de niños subnormales, niños que no son receptivos a la instrucción, cuya capacidad de razonamiento no es muy buena. Obligar a estos niños a ir a la escuela, como hace el Estado en casi todas partes es un delito para con su naturaleza. Sin la capacidad de aprender asignaturas sistemáticas, deben o bien sentarse y sufrir mientras otros aprenden, o los brillantes y medios deben quedarse muy atrás en su desarrollo mientras se presiona a estos niños para que aprendan. En cualquier caso, la instrucción no tiene casi ningún efecto sobre estos niños, muchas de cuyas horas de vida simplemente se desperdician debido al decreto del estado. Si estas horas se dedicaran a la simple experiencia directa que son mucho más capaces de asimilar, no cabe duda de que serían niños y adultos más sanos en consecuencia. Pero arrastrarlos a una escuela para una década formativa de sus vidas, obligarles a acudir a clases para las que no tienen interés ni capacidad, es deformar todas sus personalidades.

¿EL PADRE O EL ESTADO?

La clave de toda la discusión es simplemente esta: ¿debería ser el padre o el Estado el que supervise a los niños? Una característica esencial de la vida humana es que, durante muchos años, el niño está relativamente desvalido, que sus poderes de arreglárselas por sí mismo maduran tarde. Hasta que estos poderes estén desarrollados, no puede actuar completamente por sí mismo como individuo responsable. Debe estar bajo tutela. Su tutela es una tarea compleja y difícil. Desde una infancia de completa dependencia y obediencia a los adultos, el niño debe crecer gradualmente hasta el estado de adulto independiente. La cuestión es ¿bajo la guía y la «propiedad» virtual de quién debería estar el niño: ¿de sus padres o del Estado? No hay tercera vía, o intermedia, sobre este asunto. Alguna parte debe controlar y nadie sugiere que algún tercero tenga autoridad para apropiarse del niño y criarlo.

Es evidente que estado natural de cosas es que los padres se hagan cargo del hijo. Los padres son los productores literales del hijo y el hijo tiene la relación más íntima con ellos que uno pueda tener con otros. Los padres tienen lazos de afecto familiar con el hijo. Los padres se interesan en el hijo como individuo y son los que probablemente más se interesen y más estén familiarizados con sus requerimientos y personalidad. Finalmente, si se cree en una sociedad libre donde cada uno se posee a sí mismo y lo que produce, es obvio que su propio hijo, uno de sus productos más preciosos, también queda a su cargo.

La única alternativa lógica a la «propiedad» parental del niño es que el Estados arrebate el niño a sus padres y lo críe él mismo completamente. Para cualquier creyente en la libertad, este debería parecerle un paso realmente monstruoso. En primer lugar, los derechos de los padres se ven completamente violados, al arrebatarles su preciado producto para someterlo a la voluntad de extraños. En segundo lugar, se violan los derechos del niño, pues crece sometido a las manos indiferentes del Estado, con poca consideración por su personalidad individual. Además (y esta es la consideración más importante), para que cada persona sea «educada», para desarrollar sus facultades al máximo, necesita libertad en dicho desarrollo. Hemos visto que la ausencia de violencia es esencial para el desarrollo de la razón y personalidad de un hombre. ¡Salvo para el Estado! El mismo ser del Estado se basa en la violencia, en la compulsión. Por cierto, que la misma característica que distingue al Estado de otros individuos y grupos es que aquel tiene el único poder (legal) para usar violencia. Frente a todos los demás individuos y organizaciones, el Estado emite decretos que deben obedecerse bajo el riesgo de sufrir prisión o ir a la silla eléctrica. El niño tendría que crecer bajo las alas de una institución que se basa en la violencia y la restricción. ¿Qué tipo de desarrollo pacífico podría tener lugar bajo esos auspicios?

Además, es inevitable que el estado imponga como recargo la uniformidad en la enseñanza. No solo la uniformidad es más conforme con el temperamento burocrático y más fácil de aplicar; esto será casi inevitable donde el colectivismo ha suplantado al individualismo. Con la propiedad colectiva de los niños por el Estado reemplazando la propiedad y los derechos individuales, está claro que el principio colectivo se aplicaría también a la enseñanza. Sobre todo, lo que se enseñaría es la doctrina de la obediencia al propio Estado. Pues la tiranía en realidad no congenia con el espíritu del hombre, que requiere libertad para su pleno desarrollo.

Por tanto, están condenadas a aparecer técnicas para inculcar reverencia al despotismo y otros tipos de «control del pensamiento». En lugar de espontaneidad, diversidad y hombres independientes, aparecería una raza de seguidores del Estado pasivos y ovejunos. Como solo se desarrollarían de forma incompleta, estarían solo medio vivos.

Podría decirse que nadie contempla esas medidas monstruosas. Ni siquiera la Rusia comunista llegó tan lejos como para imponer un «comunismo de niños», aunque hizo casi todo lo demás por eliminar la libertad. Sin embargo, se trata de que este es el objetivo lógico de los estatistas en educación. El problema que la ha acompañado en el pasado y presente es: ¿ha de haber una sociedad libre con control parental o un despotismo con control del Estado? Veamos el desarrollo lógico de la idea de intrusión y control del Estado. Por ejemplo, Estados Unidos empezó, en su mayor parte, con un sistema de escuelas, o bien completamente privadas, o filantrópicas. Luego, en el siglo XIX, el concepto de educación pública cambió lentamente, hasta que se obligó a todos a ir a la escuela pública y se acusó a las escuelas privadas de ser divisivas. Finalmente, el Estado impuso la educación obligatoria a la gente, ya fuera forzando a los niños a ir a escuelas públicas o estableciendo estándares arbitrarios para las escuelas privadas. Se desaprobó la instrucción parental. Así, el Estado ha estado en guerra con los padres por el control de sus hijos.

No solo ha habido una tendencia hacia un mayor control del Estado, sino que los efectos de esto se han empeorado por el mismo sistema de igualdad ante la ley que se aplica en la vida política. Ha habido un crecimiento de una pasión por la igualdad en general. El resultado ha sido una tendencia a considerar a todos los niños como iguales a los demás, mereciendo el mismo trato, y a imponer una completa uniformidad en el aula. Antiguamente, esta había tendido a establecerse en el nivel medio de la clase, pero, al resultar esto frustrante para los torpes (quienes, sin embargo, deben mantenerse al mismo nivel de los demás, en nombre de la igualdad y la democracia), la enseñanza tiende cada vez más a establecerse en los niveles más bajos.

Veremos que desde que el Estado empezó a controlar la educación, esta tendencia evidente ha actuado cada vez más de tal manera que promueve la represión y las trabas en la educación, en lugar del verdadero desarrollo del individuo. Su tendencia ha sido a la compulsión, a la igualdad forzosa en el nivel más bajo, a la simplificación de las asignaturas e incluso al abandono de toda enseñanza formal, a la inculcación de la obediencia al Estado y al «grupo», en lugar del desarrollo de la independencia propia, al menosprecio de los intelectuales. Y finalmente es la atracción del Estado y sus subalternos por el poder lo que explica el credo de la «educación moderna» de la «educación integral del niño» y de hacer de la escuela «parte de la vida», en la que el individuo juega, se ajusta al grupo, etc. El efecto de esto, así como de todas las demás medidas, es reprimir cualquier tendencia al desarrollo de poderes de raciocinio e independencia individual, tratar de usurpar de varias maneras la función «educativa» (aparte de la instrucción formal) de la casa y los amigos y tratar de moldear a «todo el niño» de la forma deseada. Así, la «educación moderna» ha abandonado las funciones escolares de la instrucción formal para moldear toda la personalidad, tanto para obligar a la igualdad de enseñanza al nivel del menos educable, como para usurpar el papel educativo general del hogar y otras influencias en el mayor grado posible. Como nadie aceptaría la «comunización» abierta de los niños por el Estado, ni siquiera en la Rusia comunista, es evidente que el control del estado ha de lograrse de una forma más silenciosa y sutil.

Para cualquiera que esté interesado en la dignidad de la vida humana, en el progreso y desarrollo del individuo en una sociedad libre, la alternativa entre control parental o estatal sobre los niños está clara.

¿No ha de haber por tanto ninguna interferencia del Estado, sean cuales sean las relaciones entre padre e hijo? ¿Y si suponemos que los padres agreden y mutilan al niño? ¿Tenemos que permitirlo? Si no es así, ¿dónde ponemos el límite? El límite puede ponerse fácilmente. El Estado puede cumplir estrictamente con la función de defender a todos de la violencia agresiva de cualquier otro. Esto incluiría a los niños igual que a los adultos, ya que los niños son adultos potenciales y hombre libres futuros. Dejar simplemente de «educar» o, más bien, instruir, no justifica en modo alguna la interferencia. La diferencia entre estos casos fue explicada sucintamente por Herbert Spencer:

No puede exponerse ninguna causa para esa interposición [del Estado] hasta que los derechos de los hijos se hayan violado y esos derechos no se violan por una falta en su educación [en realidad, instrucción]. Pues (...) lo que llamamos derechos son sencillamente subdivisiones arbitrarias de la libertad general de ejercitar las facultades y eso solo puede llamarse a una infracción de derechos que disminuya realmente esta libertad, cortar un poder previamente existente para perseguir los objetos de deseo. Ahora bien, el padre que es descuidado en la educación del hijo no hace esto. La libertad de ejercitar facultades queda intacta. Omitir la instrucción en modo alguno priva al hijo de la libertad de hacer lo que quiera de la mejor manera que pueda y esta libertad es todo lo que demanda la equidad. Toda agresión, recuérdese (toda infracción de derechos) es necesariamente *activa*, mientras que todo olvido, descuido, omisión, es necesariamente pasivo. Consecuentemente, por muy incorrecta que pueda ser el incumplimiento de una tarea parental (...) no equivale a un incumplimiento de la ley de igual
libertad y por tanto no puede ser tenida en cuenta por el estado.[5]

ASOCIACIONES DE NIÑOS

Otro argumento poderoso contra la educación obligatoria que generalmente se olvida es que, si la instrucción es obligatoria y el padre no puede permitirse enviar a sus hijos a una escuela privada o contratar un tutor y se le impide instruirlo él mismo, debe enviarlos a una escuela pública. En la escuela pública estarán la mayoría de los demás que no estarían allí si no fuera por la ley obligatoria universal. Esto incluye niños subnormales no educables y diversos tipos de delincuentes juveniles y rufianes. Aunque los padres preferirían no enviar al niño a una escolarización formal, en lugar de obligarle a asociarse con este tipo de niños, el Estado les obliga a hacerlo, con consecuencias negativas incalculables para los niños inocentes. Ajenos parte del día a la atención y supervisión del padre, el niño se ve obligado a asociarse con malas compañías y puede incluso verse influido por estas para unirse a bandas juveniles, volverse adicto a las drogas, etc.

Estos no son males exagerados, como cualquier lector de la prensa actual conoce, pero, igual de cierto que el común odio a la superioridad y distinción individual, la pasión por la lograr una igualdad forzosa proclama: esto es bueno, dejad que el niño se vea obligado a aprender sobre la «vida» y obligado a asociarse con los tipos más bajos de humanidad. La envidia y el odio hacia el niño potencialmente mejor y superior es evidente en este caso y subyace en la argumentación a favor de la igualdad forzosa y al consecuente supresión de la individualidad superior.

EDUCACIÓN OBLIGATORIA FRENTE A EDUCACIÓN LIBRE

El reverendo George Harris describía los efectos de la educación obligatoria de imponer uniformidad y forzar a la igualdad (poco después de establecer la obligación):

La educación ya está tan generalizadamente provista en Estados Unidos y otros países [en 1897] que, sin pronosticar condiciones imaginarias, no hay dificultad en ver cuánta igualdad se da con esa oportunidad (...) Se da a todos la misma cantidad de tiempo, se prescribe a todos los mismos cursos, se nombran los mismos profesores para todos. La oportunidad no está simplemente abierta: obliga a todos. Incluso bajo un programa socialista es difícil imaginar cualquier disposición para proporcionar la educación que todos se supone necesitan que se aproxime más al sistema existente de escuelas públicas. Incluso Mr. Bellamy [un prominente socialista totalitario de la época] encuentra escuelas en el año

---

[5] Herbert Spencer, *Social Statics: The Conditions Essential to Human Happiness Specified, and the First of Them Developed* (Nueva York: Robert Schalkenbach Foundation, 1970), p. 294. O, como se expresaba otra autora, con respecto a un padre y otros miembros de la sociedad: «sus socios no pueden obligarle a atender a su hijo, aunque pueden impedirle por la fuerza agredirle. Pueden impedir acciones, pero no pueden obligarles a realizar acciones». Clara Dixon Davidson, «Relations Between Parents and Children», *Liberty*, 3 de septiembre de 1892.

2000 modeladas siguiendo a las del siglo XIX. Todo ha cambiado, menos las escuelas. (...) Tras cincuenta pupitres exactamente iguales, cincuenta niños y niñas se sientan para recitar una lección prescrita para todos. (...) Pero el álgebra no es una oportunidad para el niño que no tiene habilidad para las matemáticas. (...) De hecho cuanto más igual sea externamente la oportunidad, más desigual es realmente.

Cuando se proporciona la misma instrucción y el mismo número de horas por los mismos maestros a cincuenta niños y niñas, la mayoría no tiene casi ninguna oportunidad en absoluto. Los intelectos brillantes se ven reprimidos (...) los torpes son incapaces de seguirlos (...) los intermedios se ven desanimados porque los alumnos más brillantes cumplen con sus deberes muy fácilmente.[6]

En la década de 1940, el escritor y crítico inglés Herbert Read destacaba la diversidad del hombre apuntando la objeción «psicológica» a un «sistema nacional de educación» obligatoria: humanidad se diferencia naturalmente en muchos tipos y encajar todos estos tipos en el mismo molde debe llevar inevitablemente a distorsiones y represiones. Las escuelas deberían ser de muchos tipos, siguiendo distintos métodos y atendiendo distintas disposiciones. Podría argumentarse que incluso un estado totalitario debe reconocer este principio, pero la verdad es que la diferenciación es un proceso orgánico, las asociaciones espontáneas y errantes de individuos para un proceso concreto. Dividir y segregar no es lo mismo que unir y agregar. Es precisamente el proceso opuesto. Toda la estructura de educación como el proceso natural que hemos concebido se viene abajo si intentamos usar esa estructura (...) artificial.[7]

El gran filósofo Herbert Spencer apuntaba el despotismo propio de la educación obligatoria:

¿Pues qué se quiere decir al decir que un gobierno tendría que educar al pueblo? ¿Por qué debería ser educado? ¿Para qué es la educación? Está claro que para ajustar al pueblo a la vida social, para hacer de ellos buenos ciudadanos. ¿Y quién va a decidir qué son buenos ciudadanos? El gobierno: no hay otro juez. ¿Y quién ha de decidir cómo pueden hacerse estos buenos ciudadanos? El gobierno: no hay otro juez. De ahí que la proposición sea convertible en esto: un gobierno tendría que moldear a los niños para que sean buenos ciudadanos. (...) Debe formarse primero un concepto definido de un ciudadano patrón y, habiendo hecho esto, debe desarrollar ese sistema de disciplina como le parezca mejor calculado para producir ciudadanos siguiendo ese patrón. Este sistema de disciplina está condenado a aplicarse hasta el extremo. Pues si se hace de otra manera, permite a los hombres convertirse en diferentes de en lo que a su juicio deberían convertirse y por tanto fracasa en aquella tarea que está encargado de cumplir.[8]

Mrs. Isabel Paterson resume brillantemente la tiranía de la educación estatal obligatoria y la superioridad de la libre elección de educación privada:

El control político está (...) por su naturaleza, condenado a largo plazo a legislar contra las realidades, tanto de los hechos como de la opinión, al prescribir un currículum escolar. El conocimiento científico más exacto y demostrable será indudablemente objetable para la autoridad política en algún punto, porque mostrará lo absurdo de dicha autoridad y sus efectos perversos. A nadie se le permitiría mostrar el absurdo sin sentido del «materialismo dialéctico» en Rusia, por examen lógico (...) y si a la autoridad política se le considera competente para controlar la educación, ese debe ser el resultado en cualquier país.

Los textos educativos son necesariamente selectivos, en materias, lenguaje y puntos de vista. Cuando la enseñanza la llevan a cabo escuela privadas, habrá una considerable variación en las distintas escuelas: el padre debe juzgar qué quiere que se enseñe a sus hijos, por el currículum ofrecido. Luego cada uno debe buscar la verdad objetiva. (...) En ninguna parte habrá ninguna inducción a enseñar la «supremacía del estado» como una filosofía obligatoria. Pero todo sistema educativo controlado políticamente inculcará la doctrina de la supremacía del estado antes o después, ya sea como derecho divino de los reyes o como «voluntad del pueblo» en «democracia». Una vez se ha aceptado esa doctrina, se convierte en una tarea casi sobrehumana quebrar el dominio del poder político sobre la vida del ciudadano. Ha tenido su cuerpo, propiedad y mente atrapados desde la infancia. Un pulpo soltaría antes su presa.

---

[6] Harris, *Inequality and Progress*, pp. 42-43.

[7] Herbert Read, *The Education of Free Men* (Londres: Freedom Press, 1944), pp. 27-28.

[8] Spencer, *Social Statics*, p. 297.

Un sistema educativo obligatorio y financiado por impuestos es el modelo completo del estado totalitario.[9]

Aquí debemos añadir que, en el sistema actual, el Estado ha encontrado una vía en Estados Unidos para inducir a las escuelas privadas a enseñar la supremacía del Estado sin prohibir las escuelas privadas, como en algunos otros países.

Aplicando la certificación de estándares mínimos, el Estado, en la práctica, aunque sutilmente, domina las escuelas privadas y hace de ellas, en la práctica, extensiones de sistema escolar público. Solo la eliminación de la escolarización obligatoria y los estándares obligatorios liberará a las escuelas privadas y les permitirá funcionar con independencia.

Mrs. Paterson se ocupa sucintamente del problema de la educación y alfabetización obligatorias:

¿Pero no seguirían algunos niños siendo analfabetos? Podría ser, como pasa ahora y como pasaba en el pasado. Estados Unidos ha tenido un presidente que no aprendió a leer ni escribir no solo hasta que no fue un hombre adulto, sino ya casado y ganándose la vida. La verdad es que, en un país libre, también debería permitirse a cualquiera que seguir siendo analfabeto, aunque la simple alfabetización no es una educación bastante por sí misma, sino la llave elemental para una parte indispensable de educación en la civilización. Pero esa educación adicional en la civilización *no puede obtenerse en absoluto* bajo el control político de las escuelas. Solo es posible para cierto tipo de mente en la que el conocimiento se busca voluntariamente.Y Mrs. Patterson responde a maestros y educadores que tienden a replicar con epítetos a su crítica:

¿Creéis que nadie os confiaría *voluntariamente* sus hijos pagándoos por enseñarles?¿Por qué tenéis que extorsionar vuestros salarios y recoger a vuestros alumnos por compulsión?[10]

Una de las mejores maneras de considerar el problema de la educación obligatoria es pensar en la analogía casi exacta en el área del otro gran medio educativo: el periódico. ¿Qué pensaríamos de una propuesta dl gobierno, federal o estatal, de usar el dinero del contribuyente para crear una cadena nacional de periódicos públicos y obligar a todos, o a todos los niños, a leerlos? ¿Qué pensaríamos si además el gobierno prohibiera todos los demás periódicos o prohibiendo todos los periódicos que no cumplieran con los «estándares» de lo que una comisión del gobierno piense que tendrían que leer? Esa propuesta sería considerada generalizadamente con horror en Estados Unidos y aun así este es exactamente el tipo de régimen que el gobierno ha establecido en la esfera de la instrucción escolar.La prensa pública obligatoria se consideraría una invasión de la libertad básica de prensa; aun así, ¿no es la libertad escolar al menos tan importante como la libertad de prensa? ¿No son ambas medios vitales para la información y educación del público, para la investigación libre y la búsqueda de la verdad? Está claro que la supresión de la instrucción libre debería considerarse aún con más horror que la supresión de la prensa libre, ya que aquí están implicadas las mentes no formadas de los niños.

---

[9] Isabel Paterson, *The God of the Machine* (Caldwell, Idaho: Caxton Printers, 1943), pp. 271-272.

[10] Ibíd, pp. 273 y 274; cursivas originales.

LA EDUCACIÓN OBLIGATORIA EN EUROPA

La historia del desarrollo de la educación obligatoria es una historia de la usurpación del Estado del control parental sobre los hijos en su beneficio, una imposición de uniformidad e igualdad para reprimir el crecimiento individual y el desarrollo de técnicas para obstaculizar el crecimiento del poder de razonar y el pensamiento independiente entre los niños.

ORÍGENES

No tenemos que extendernos mucho sobre el estado de la educación en las antiguas Grecia y Roma. En Atenas, la práctica original de la educación estatal obligatoria dio paso posteriormente a un sistema voluntario. En Esparta, por otro lado, un antiguo modelo para el totalitarismo moderno, el Estado estaba organizado como un enorme campamento militar y los niños eran propiedad del estado y se les educaba en barracones para un ideal de obediencia estatal. Esparta llevó a cabo la conclusión lógica completa del sistema obligatorio: control estatal absoluto sobre «todo el niño», uniformidad y educación en la obediencia pasiva de las órdenes del Estado. La consecuencia más importante de este sistema fue que proporcionó el ideal para Platón, que hizo de este sistema educativo la base de su Estado ideal, como establecía en *La República* y *Las Leyes*. La «Utopía» de Platón fue el primer modelo para despotismos posteriores: se fomentaban la educación y obediencia obligatoria, había «comunismo» de niños entre los «guardianes» de la élite, que tampoco tenía propiedad privada y mentir se consideraba un instrumento adecuado a usar por el Estado en el adoctrinamiento del pueblo.

En la Edad Media, el problema de la educación estatal obligatoria no se presentó en Europa. La instrucción se llevaba a cabo escuelas y universidades eclesiásticas, en escuelas privadas y en escuelas privadas de formación ocupacional. El primer movimiento moderno para una educación estatal obligatoria derivó directamente de la Reforma. Un factor importante fue Martín Lutero. Lutero reclamó repetidamente que las comunidades establecieran escuelas públicas e hicieran obligatorio acudir a ellas. En su famosa carta a los gobernantes alemanes en 1524, Lutero usaba premisas estatistas para llegar a conclusiones estatistas:

Queridos gobernantes (…) Sostengo que las autoridades civiles tienen la obligación de obligar a la gente a enviar a sus hijos a la escuela. (…) Si el gobierno puede obligar a los ciudadanos apropiados para el servicio militar a llevar lanzas y rifles, a levantar murallas y realizar otras tareas marciales en tiempo de guerra, cuánto más tiene un derecho a obligar a la gente a enviar a sus niños a la escuela, porque en este caso estamos guerreando contra el diablo, cuyo objeto es privar secretamente de hombres fuertes a nuestras ciudades y principados.[11]

En este bienestar espiritual, Lutero por supuesto no estaba hablando ociosamente del «diablo» y la guerra contra él. Para él la guerra era muy real.

Como consecuencia de las peticiones de Lutero, el estado alemán de Gotha fundó las primeras escuelas públicas modernas en 1524 y le siguió Turingia en 1527. El propio Lutero fundo el Plan Escolar Sajón, que, en esencia, se convirtió posteriormente en el sistema de educación estatal para la mayoría de los estados protestantes de Alemania. Este plan se puso en práctica por primera vez en Sajonia en 1528, mediante un edicto escrito por Melanchton, un importante discípulo de Lutero, creando escuelas públicas en todo pueblo y villa. El primer sistema estatal obligatorio en el mundo moderno lo estableció en 1559 el duque Cristóbal, elector de Wurtemburg. La asistencia era obligatoria, se guardaban registros de asistencia y se imponían multas a los que hacían novillos. Otros estados alemanes siguieron pronto este ejemplo.

¿Cuál era el espíritu de la llamada de Lutero a una educación estatal obligatoria? Una opinión común es que reflejaba el espíritu democrático de los reformistas y el deseo de que todos leyeran la Biblia, suponiendo que querían animar a todos a interpretar la Biblia por sí mismos.[12] La verdad es bastante distinta. Los reformistas defendían la educación obligatoria para todos como medio de inculcar a toda la población sus opiniones religiosas concretas, como una ayuda indispensable en una efectiva «guerra contra el diablo» y sus agentes. Para Lutero, estos agentes constituían una legión numerosa: no solo judíos, católicos e infieles, sino también todas las demás sectas protestantes. El ideal político de Lutero era un Estado absoluto guiado por principios y ministros luteranos. El principio fundamental era que la Biblia, interpretada por Lutero, era la única guía para todo. Argumentaba que la ley de Moisés condenaba a muerte a los falsos profetas y esa era la tarea del Estado: llevar a cabo la voluntad de Dios. La tarea del Estado era obligar a aquellos a quienes excomulgaba la iglesia luterana a que volvieran de nuevo al redil. No había salvación fuera de la iglesia luterana y no solo era tarea del Estado obligar a todos a ser luteranos, sino que es su único objeto. Como decía de Lutero el gran historiador Lord Acton:

La defensa de la religión se convirtió (…) no solo en la tarea del poder civil, sino en el objeto de su institución. Su tarea era solamente la coacción de aquellos que estaban fuera de la iglesia [luterana].[13]

Lutero destacaba la teoría de la obediencia pasiva, según la cual ningún motivo o provocación puede justificar una revuelta contra el Estado. En 1530, declaraba: «Es tarea de un cristiano sufrir el mal y ningún quebrantamiento de juramento de tarea podría privar al Emperador de su derecho a la obediencia incondicional de sus súbditos». De esta manera, esperaba inducir a los príncipes a adoptar e imponer el luteranismo en sus dominios. Lutero era expresamente insistente en que el poder del Estado se usara con la máxima severidad contra gente que rechazara convertirse al luteranismo. Pedía que todos los delitos se castigaran con la mayor crueldad. El objetivo principal de su severidad iba a ser, por supuesto, contra el peor crimen, el rechazo a adoptar el luteranismo. El Estado debía exterminar el error y no podía tolerar herejías ni herejes, «pues ningún príncipe secular puede permitir que sus súbditos se dividan por la predicación de doctrinas distintas».

<hr>

[11] Citado en John William Perrin, *The History of Compulsory Education in New England*, 1896.

[12] Por ejemplo, cf. Lawrence A. Cremin, *The American Common School: An Historic Conception* (Nueva York: Teachers College, Columbia University, 1951), p. 84.

[13] Cf. John, Lord Acton, «The Protestant Theory of Persecution» en sus *Essays on Freedom and Power* (Glencoe, Ill.: The Free Press, 1948), pp. 88-127.

En resumen: «No se discute con los herejes, sino que se les condena sin oírlos, aunque perezcan en la hoguera».

Ese era el objetivo de la fuerza inicial detrás del primer sistema de escuela estatal en el mundo occidental y ese era el espíritu que animaba el sistema. Un déspota no menos radical fue Melanchton, el principal ayudante de Lutero en la pretensión de escuelas estatales obligatorias en Alemania.

Melanchton enseñaba con firmeza que todas las sectas debían echarse por tierra con la espada y que cualquier individuo que originara nuevas opiniones religiosas debería ser castigado con la muerte. Este castigo debía imponerse contra cualquier diferencia, por ligera que fuera, en las enseñanzas protestantes. Todos los que no fueran luteranos (católicos, anabaptistas, servetianos, zwinglianos, etc.) tenían que perseguirse con el máximo celo.

La influencia luterana en la vida política y educativa de occidente, y particularmente en Alemania, ha sido enorme. Fue el primer defensor de la escolarización obligatoria y sus planes fueron el patrón para las primeras escuelas alemanas. Además, inculcó a los luteranos los ideales de obediencia al Estado y persecución de todos los disidentes. Como señala Acton, «imprimió en su bando ese carácter de dependencia política y ese hábito de obediencia pasiva al Estado, que ha mantenido desde entonces».[14] Sigue una estimación sucinta de un admirador sobre la influencia de Lutero en la política y la educación obligatoria:

El valor permanente y positivo del pronunciamiento de Lutero de 1524 reside no tanto en sus efectos directos como en las sagradas asociaciones que estableció para la Alemania protestante entre la religión nacional y las tareas educativas del individuo y el estado. Así, sin duda, se creó esa sana opinión pública que hizo fácil de aceptar el principio de escolarización obligatoria en Prusia en una fecha mucho más tardía que en Inglaterra.[15]

Aparte de Lutero, la otra influencia principal para el establecimiento de la educación obligatoria en el mundo moderno fue el otro gran reformista, Juan Calvino. Calvino fue a Ginebra en 1536, mientras el pueblo estaba en una revuelta con éxito contra el Duque de Saboya y la iglesia católica y fue nombra pastor jefe y gobernador de la ciudad, puesto que mantuvo hasta 1564. En Ginebra, Calvino estableció varias escuelas públicas, con asistencia obligatoria. ¿Cuál fue el espíritu que animó a Calvino a establecer un sistema de escuelas estatales? El espíritu era la inculcación del mensaje del calvinismo y la obediencia al despotismo teocrático que había establecido, combinando en él mismo el dictador político y el maestro religioso. Para Calvino, nada importaba, ninguna libertad o derecho eran importantes, excepto su doctrina y su supremacía. La doctrina de Calvino sostenía que el apoyo del calvinismo es el fin y objeto del Estado y que esto incluía mantener la

---

[14] Ibíd., p. 94.

[15] A.E. Twentyman, «Education; Germany», *Encyclopedia Britannica*, 14ª ed., vol. 7, pp. 999-1000.

pureza de la doctrina y una estricta austeridad en el comportamiento del pueblo. Solo una pequeña minoría en la tierra eran «elegidos» (siendo Calvino su jefe) y el resto era una masa de pecadores que debían ser sometidos por la espada, imponiendo los conquistadores la fe calvinista a los súbditos. No estaba a favor de matar a todos los herejes. Se permitiría vivir a católicos y judíos, pero todos los protestantes que no fueran calvinistas debían morir. Sin embargo, en algunos casos, cambió de postura y defendió el castigo más severo también para los católicos.

También Calvino era inflexible al afirmar la obligación de obediencia a los gobernantes independientemente de su forma de gobierno. El gobierno tiene una sanción divina y, mientras fuera calvinista, podía hacer lo que quisiera sin merecer reproche. No solo había que matar a todos los herejes, sino que debía castigarse de la misma manera a quienes negaran la justicia de dicho castigo. Los principales discípulos de Calvino, como Beza, fueron al menos tan radicales como él en promover el exterminio de los herejes.

La influencia de Calvino en el mundo occidental fue más amplia que la de Lutero porque, con esfuerzos diligentes de propaganda, hizo de Ginebra el centro europeo para una extensa difusión de sus principios. Hombres de toda Europa venían a estudiar en las escuelas de Calvino y a leer sus tratados y el resultado fue la influencia calvinista en toda Europa.

Al convertirse en importantes los calvinistas en toda Europa, reclamaron la creación de escuelas estatales obligatorias.[16] En 1560, los calvinistas franceses, los hugonotes, enviaron un memorando al rey pidiendo el establecimiento de una educación obligatoria universal, pero fue rechazado. Sin embargo, en 1571, la reina Juana de Albret, de los Estados de Navarra, bajo influencia calvinista, hizo obligatoria la educación primaria en esa parte de Francia. La Holanda calvinista estableció escuelas públicas obligatorias en 1609. John Knox, que conquistó Escocia para su iglesia presbiteriana, era un calvinista, aunque había llegado a muchos de sus principios de forma independiente. Estableció la iglesia siguiendo líneas calvinistas y proclamó la pena de muerte para los católicos. Knox trató de establecer una educación obligatoria universal en Escocia en la década de 1560, pero fracasó en el intento. Defendía su Libro de la Disciplina, que reclamaba escuelas públicas en todos los pueblos de Escocia.

Uno de los efectos a más largo alcance de la tradición calvinista es su influencia en la historia educativa estadounidense. La influencia calvinista fue fuerte entre los puritanos ingleses y fue la influencia puritana la que creó las escuelas públicas y la educación obligatoria en Nueva Inglaterra, desde donde acabó conquistando todo Estados Unidos. La historia de la educación obligatoria estadounidense se tratará en la siguiente sección.

PRUSIA

No es coincidencia que el estado más notoriamente despótico en Europa (Prusia) fuera el primero en tener un sistema nacional de educación obligatoria, ni que la inspiración original, como hemos visto, fuera Lutero y su doctrina de obediencia al absolutismo de Estado. Como decía Mr. Twentyman: «La interferencia del estado en la educación fue casi coincidente con el auge del estado prusiano».

La educación alemana, así como la mayoría de sus demás instituciones y civilización, se vio completamente interrumpida por la Guerra de los Treinta Años, en la primera mitad del siglo XVII. Sin embargo, al acabar el conflicto los diversos gobiernos estatales actuaron para hacer obligatoria la asistencia de los niños a la escuela bajo pena de multa y encarcelamiento de los niños. El primer paso se dio en Gotha en 1643, seguida por estados como Heildesheim en 1663, Prusia en 1669 y Calemberg en 1681.[17]

El estado de Prusia empezó a aumentar en poder y dominio al principio del siglo XVIII liderado por su primer rey, Federico Guillermo I. Federico Guillermo creía fervientemente en el despotismo paternal y en las virtudes del absolutismo monárquico. Una de sus primeras medidas fue llevar a cabo un enorme aumento en el ejército prusiano, basado en una disciplina de hierro, que se hizo famoso en toda Europa. En la administración civil, el rey Federico Guillermo forjó la máquina centralizadora del Servicio Civil, que se convirtió en la famosa burocracia autocrática prusiana. En el mundo comercial, el rey impuso restricciones, regulaciones y subvenciones al comercio y los negocios.

Fue el rey Federico Guillermo I el que creó el sistema prusiano de escuela obligatoria, el primer sistema nacional en Europa. En 1717, ordenó la asistencia obligatoria de todos los niños a escuelas estatales y, en leyes posteriores, continuó con la dotación para la construcción de más escuelas de ese tipo. Quizá sea apropiado señalar que las actitudes personales del rey estaban bastante de acuerdo con su ardiente promoción del despotismo y el militarismo. Como dice Cailfon Hayes:

«Trataba su reino como un aula y, como un celoso maestro de escuela, azotaba despiadadamente a sus traviesos súbditos».

Estos inicios fueron desarrollados por su hijo Federico el Grande, que reafirmó vigorosamente el principio de asistencia obligatoria a las escuelas estatales y asentó el floreciente sistema nacional, particularmente en su *Landschulreglement* de 1763. ¿Cuáles eran los objetivos que impulsaban a Federico el Grande? De nuevo una ferviente creencia en el despotismo absoluto, aunque este se suponía que era «ilustrado». «El príncipe», declaraba, «es para la nación que gobierna lo que es la cabeza para el hombre; su obligación es ver, pensar y actuar para toda la comunidad». Estaba particularmente orgulloso del ejército, gastaba generosamente fondos públicos en él e inculcaba especialmente el ejercicio constante y la más estricta disciplina.

Estos inicios fueron desarrollados por su hijo Federico el Grande, que reafirmó vigorosamente el principio de asistencia obligatoria a las escuelas estatales y asentó el floreciente sistema nacional, particularmente en su *Landschulreglement* de 1763. ¿Cuáles eran los objetivos que impulsaban a Federico el Grande? De nuevo una ferviente creencia en el despotismo absoluto, aunque este se suponía que era «ilustrado». «El príncipe», declaraba, «es para la nación que gobierna lo que es la cabeza para el hombre; su obligación es ver, pensar y actuar para toda la comunidad». Estaba particularmente orgulloso del ejército, gastaba generosamente fondos públicos en él e inculcaba especialmente el ejercicio constante y la más estricta disciplina.

El despotismo prusiano moderno apareció como un resultado directo de la desastrosa derrota infligida por Napoleón. En 1807, la nación prusiana empezó a reorganizarse y aprestarse para futuras victorias. Bajo el rey Federico Guillermo III se fortaleció enormemente el Estado absoluto. Su famoso ministro, von Stein, empezó aboliendo las escuelas privadas semirreligiosas y poniendo toda la educación directamente bajo el Ministerio del Interior.

---

[16] Cf. Perrin, *The History of Compulsory Education in New England.*

En 1810, el ministro decretó la necesidad de un examen de Estado y certificación de todos los maestros. En 1812, se recuperó el examen de graduación escolar como requisito necesario para la salida del niño de la escuela estatal y se estableció un complejo sistema de burócratas para supervisar las escuelas en ciudades y pueblos. También resulta interesante que fuera este sistema reorganizado el que empezara primero a promover la nueva filosofía educativa de Pestalozzi, que fue uno de los primeros defensores de la «educación progresista».

De la mano del sistema de escuela obligatoria llegó un resurgimiento y una gran expansión del ejército, y en particular de la institución del servicio militar universal obligatorio.

Federico Guillermo III continuó la reorganización después de las guerras y fortaleció el sistema de escuela estatal obligatoria en 1834 al hacerla necesaria para los jóvenes que entraban en las profesiones cualificadas, así como para todos los candidatos para el Servicio Civil y para todos los estudiantes universitarios la obligación de aprobar los exámenes de graduación del bachillerato. De esta manera, el estado prusiano tenía el control efectivo sobre todas las nuevas generaciones de intelectuales y otros profesionales.

---

[17] Cf. Howard C. Barnard, *National Education in Europe* (Nueva York, *1854*).

Veremos luego con detalle que este despótico sistema prusiano creó un modelo inspirador para los principales educacionistas profesionales en Estados Unidos, que dirigieron los sistemas escolares públicos aquí y fueron en buena parte responsables de su extensión. Por ejemplo, Calvin E. Stowe, uno de los más prominentes educadores estadounidenses de su tiempo, escribió un informe sobre el sistema prusiano y lo alababa como digno de imitación aquí.[18] Stowe alababa a Prusia: aunque estaba bajo la monarquía absoluta de Federico Guillermo III, era el país «mejor educado» del mundo. No solo había escuelas públicas en el grado elemental y superior, para estudiantes preuniversitarios y pre-negocios, sino asimismo 1.700 seminarios de maestros para la formación de futuros maestros estatales. Además, había leyes estrictas que obligaban a los padres a enviar a sus hijos a las escuelas. Los niños tenían que asistir a las escuelas entre las edades de siete y catorce años y no se permitía ninguna excusa, salvo incapacidad física o idiocia absoluta. Se advertía a los padres de quiénes hacían pellas y finalmente se les castigaba con multas o con discapacitaciones civiles y, como último recurso, se arrebataba el niño a sus padres y se le educaba y criaba por medio de las autoridades locales. La instrucción religiosa se daba en las escuelas de acuerdo con la religión de la localidad, pero los niños no estaban obligados a asistir a esta. Sin embargo, era obligatorio que recibieran instrucción religiosa en casa o en la iglesia en ese caso. Además, el ministro de educación tenía que ser protestante.

Empezaron a permitirse escuelas privadas, pero estaban obligadas a tener los mismos estándares de instrucción que las estatales y mediante este requisito y el examen de graduación el Estado fue capaz de imponer su control en todas las escuelas del país.

Stowe creía que eran admirables los métodos prusianos de garantizar universalidad y uniformidad de asistencia. Otro principio que admiraba era que el Estado Prusiano imponía así la uniformidad en el lenguaje. Stowe afirmaba que los padres no tenían derecho a privar a sus hijos de la influencia unificadora del idioma nacional, «privándoles así del poder de hacer todo el servicio al Estado que son capaces de proporcionar».

El sistema de educación estatal obligatoria se ha usado

como un arma terrible en manos de gobiernos para imponer ciertos idiomas y destruir los de diversos grupos nacionales y lingüísticos dentro de sus fronteras. Fue un problema concreto en Europa central y oriental. El Estado gobernante impone su lengua y cultura oficial sobre pueblos sometidos con leguas y culturas propias y el resultado ha sido una incalculable amargura. Si la educación fuera voluntaria, este problema no habría aparecido. La importancia de este aspecto de la educación obligatoria ha sido destacada por el economista Ludwig von Mises:

[18] Calvin E. Stowe, *The Prussian System of Public Instruction and Its Applicability to the United States* (Cincinnati, 1836).

La principal herramienta de la desnacionalización y asimilación obligatoria es la educación (…) en los territorios lingüísticamente mixtos se convirtió en un arma terrible en manos de gobiernos determinados a cambiar la fidelidad lingüística de sus súbditos. Losfilántropos y pedagogos (…) que defendían la educación pública no previeron las olas de odio y resentimiento que generaría esta institución.[19] El sistema educativo prusiano se extendió al resto de Alemania con la formación de Alemania como estado nacional. Además, un decreto en 1872 reforzaba el control absoluto del Estado sobre las escuelas frente a cualquier posible incursión de la Iglesia

Católica. El espíritu que animaba el Estado obligatorio alemán se expresaba bien en una obra laudatoria:

El fundamento principal de la educación alemana es que se basa en un principio nacional. La cultura es el gran capital de la nación alemana. (...) Una característica esencial de la educación alemana: Educación hacia el Estado, educación para el Estado, educación por el Estado. La *Volkschule* es un resultado directo de un principio nacional dirigido hacia la unidad nacional. El Estado es el fin supremo a la vista.[20]Otra indicación del curso que se dio al más temprano y eminente de los sistemas escolares obligatorios, Prusia y Alemania, se revela en un libro de ensayos de importantes catedráticos alemanes, estableciendo la postura oficial alemana en la Primera Guerra Mundial.[21] En esta obra, Ernst Troeltsch caracterizaba a Alemania como una nación esencialmente militarista, con gran devoción por el ejército y la monarquía. Respecto de la educación:

La organización de la escuela es paralela a la del ejército, la escuela pública se corresponde con el ejército popular. Este último, como el primero, se creó durante el primer gran impulso al futuro estado alemán en oposición a Napoleón. Cuando Fichte consideraba las formas y medios de resucitar el estado alemán, mientras el país gemía bajo el yugo de Napoleón, aconsejaba la inyección de cultura alemana en la masa del pueblo, mediante la creación de escuelas primarias nacionales siguiendo las indicaciones de Pestalozzi. El programa fue en realidad adoptado por los distintos estados alemanes y desarrollado durante el último siglo en un sistema escolar comprensivo. (...) Este se ha convertido en el factor formativo real del espíritu alemán. Hay en este sistema escolar un elemento democrático y de estado socialista como el que pretendía Fichte.[22]

FRANCIA

La educación universal obligatoria, como el servicio militar obligatorio, fue introducida en Francia por la Revolución Francesa. La constitución revolucionaria de 1791 decretaba instrucción primaria obligatoria para todos. El gobierno no pudo hacer mucho por poner en práctica estos principios al principio, pero hizo lo que pudo. En 1793, la Convención prescribió que el idioma francés era el único idioma en la «república, una e indivisible». Se hizo poco hasta la llegada de Napoleón, que estableció una educación estatal comprensiva. Todas las escuelas, ya fueran públicas o nominalmente privadas, estaban sometidas al control estricto del gobierno nacional. Dominando todo el sistema estaba la «Universidad de Francia», que se creó para asegurar la uniformidad y control de todo el

---

[19] Ludwig von Mises, *Omnipotent Government: The Rise of the Total State and Total War* (Spring Hills, Penn.: [1944] Libertarian Press, 1985), pp. 82-83.

[20] Franz de Hovre, *German and English Education, A Comparative Study* (Londres: Constable, 1917).

[21] *Modern Germany, In Relation to the Great War*, W. W. Whitlock, trad. (Nueva York, 1916).

[22] Ernest Troeltsch, «The Spirit of German Kultur», *Modern Germany*, pp. 72-73. Ver también Alexander H. Clay, *Compulsory Continuation Schools in Germany* (Londres, 1910).

---

sistema educativo francés. Sus principales cargos eran nombrados por Napoleón y nadie podía abrir una nueva escuela o enseñar en público si no estaba autorizado por la universidad oficial. Así, en esta ley de 1806, Napoleón actuó para asegurar un monopolio de la enseñanza para el Estado. El personal docente de las escuelas públicas iba a canalizarse a través de una escuela normal dirigida por el Estado. Todas estas escuelas estaban dirigidas a tomar como base de sus enseñanzas los principios de lealtad al jefe del Estado y la obediencia a los estatutos de la universidad. Debido a la falta de fondos, el sistema de escuelas públicas no pudo imponerse por tanto a todos. Al final de la era napoleónica, poco menos de la mitad de los franceses asistía a escuelas públicas, el resto principalmente a escuelas católicas. Sin embargo, las escuelas privadas estaban ahora bajo la regulación del Estado y estaban obligadas a enseñar patriotismo a favor de los gobernantes.

Con la Restauración, el sistema napoleónico fue desmantelado en buena parte y la educación en Francia se convirtió en un asunto predominantemente católico. Sin embargo, después de la revolución de 1830, el ministro Guizot empezó a renovar el poder estatal en su ley de 1833. La asistencia no se hizo obligatoria y las escuelas privadas se dejaron intactas, salvo por el importante requisito de que todas las instituciones educativas debían enseñar «paz interna y social». Sin embargo, se restauró la completa libertad para las escuelas privadas mediante la Ley Falloux, aprobada en 1850 por Luis Napoleón.

Así que, con la excepción de los periodos revolucionario y napoleónico, la educación francesa permaneció libre hasta la última parte del siglo XIX. Igual que la compulsión y el absolutismo habían recibido un gran impulso por la derrota a manos de Napoleón, también la compulsión y el dictado francés recibieron su inspiración con la victoria de Prusia en 1871. Las victorias prusianas se consideraron las victorias del ejército y el maestro de escuela prusianos y Francia, dirigida por el deseo de revancha (*revanche*) se dedicó a prusianizar sus propias instituciones. En leyes de 1882 y 1889 establecía el reclutamiento militar universal siguiendo el modelo prusiano.

El líder de la nueva política fue el ministro Jules Ferry. Ferry era el principal defensor de una nueva política de imperialismo agresivo y conquistas coloniales. Las agresiones se llevaron a cabo en el norte de África, la baja África e Indochina.

Las demandas de educación obligatoria derivaban del objetivo de la *revancha* militar. Como decía el líder político Gambetta: «El maestro de escuela prusiano había ganado la última guerra y el maestro de escuela francés debía ganar la siguiente». Para este fin, se produjo un clamor para la extensión del sistema escolar a todo niño francés, para educarlo en ciudadanía. También hubo demandas de educación obligatoria de forma que se inoculara republicanismo a todo niño francés y se le hiciera inmune a los atractivos de la restauración monárquica. Como consecuencia, Ferry, en una serie de leyes en 1881 y 1882, hizo obligatoria la educación francesa. A las escuelas privadas se las dejaba nominalmente libres, pero en realidad estaban enormemente restringidas por la disolución obligatoria de la orden jesuita y su expulsión de Francia. Muchas de las escuelas privadas en Francia habían estado dirigidas por los jesuitas. Además, las leyes abolieron muchas órdenes monásticas que no habían sido «autorizadas» formalmente por el Estado y se prohibió a sus miembros dirigir escuelas. La asistencia a alguna escuela era obligatoria para todos los niños entre seis y trece años.

El efecto del nuevo régimen fue dominar completamente las escuelas privadas, ya que las que no estuvieran afectadas por las leyes anticatólicas tenían que subsistir bajo el decreto de que «no pueden establecerse escuelas privadas sin una licencia del ministro y pueden cerrarse mediante un simple orden ministerial».[23] Las escuelas secundarias privadas se vieron gravemente obstaculizadas por las leyes de Walleck-Rousseau y Combes de 1901 y 1904, que suprimían todas las escuelas religiosas secundarias privadas en Francia.

OTROS PAÍSES

La historia de la educación obligatoria en los demás países de Europa es bastante similar, con el elemento añadido de idiomas obligatorios en la mayoría. El Imperio Austro-Húngaro luchó por una monarquía absoluta uniforme y centralizada, en la que el idioma sería solamente el alemán, mientras que la parte húngara del imperio trataba de «magiarizar» sus nacionalidades minoritarias y abolir todos los idiomas salvo el húngaro dentro de sus fronteras. España ha usado sus leyes de escuela obligatoria para suprimir el idioma catán e imponer el castellano. Suiza tiene un sistema de escolarización obligatoria incluido en su constitución. En general, todos los países de Europa han establecido educación obligatoria en 1900, con la excepción de Bélgica, que les siguió en 1920.[24] Para Herbert Spencer, China llevó la idea de la educación obligatoria hasta su conclusión lógica:

Allí el gobierno publica una lista de obras que pueden leerse y, considerando la obediencia la virtud suprema, autoriza solo a las que son amistosas con el despotismo. Temiendo los efectos inquietantes de la innovación, no permite que se enseñe nada, sino lo que proceda de sí mismo. Para el fin de producir ciudadanos bajo un patrón, ejerce una exigente disciplina sobre toda conducta. Hay «reglas para sentarse, levantarse, andar, hablar e inclinarse, establecidas con la máxima precisión».[25]

El sistema imperial japonés de educación estatal obligatoria merece analizarse cuidadosamente, debido a las muchas similitudes que muestra con la educación «progresista moderna». Como observaba Lafcadio Hearn:

El objetivo nunca ha sido enseñar al individuo para la acción independiente, sino educarle para la acción cooperativa. (...) La limitación entre nosotros empieza en la infancia y se relaja gradualmente [lo que sería mejor para el niño, ya que se desarrollan sus poderes de razonamiento y puede permitírsele más libertad y menos guía]; la limitación en Extremo Oriente empieza más tarde y luego se endurece gradualmente. (...) No solo hasta la edad escolar, sino considerablemente más allá, un niño japonés disfruta de una libertad mucho mayor de la que se permite a los niños occidentales. (...) Al niño se le permite hacer lo que quiera. (...) En la escuela empieza la disciplina (...) pero no hay castigo más allá de la admonición pública. *Cualquier restricción que exista se ejerce principalmente sobre el niño por la opinión común de su clase* y un maestro habilidoso es capaz de dirigir esa opinión. (...) El poder dirigente es siempre el sentimiento de la clase. (...) Siempre es el gobierno de los muchos sobre el uno y el poder es formidable.

---

[23] Herbert Spencer, *Social Statics* (Nueva York: Robert Schalkenbach Foundation, 1970), p. 297.

[24] Para una tabulación detallada de las leyes de educación obligatoria en cada país de Europa en el cambio de siglo, ver *London Board of Education, Statement as to the Age at Which Compulsory Education Begins in Certain Foreign Countries* (Londres, 1906). La inmensa mayoría tenía escolarización obligatoria desde las edades de 6 o 7 años hasta los 14.

[25] Spencer, op. cit., pp. 297-298.

El espíritu inculcado es siempre el sacrificio del individuo a la comunidad y el aplastamiento de cualquier independencia individual. En la vida adulta, cualquier desviación de los detalles de la regulación del estado era castigada instantánea y severamente.[26]

INGLATERRA

La tradición del voluntarismo estaba en su punto álgido en Inglaterra. Era tan fuerte que no solo no hubo educación obligatoria en Inglaterra hasta finales del siglo XIX, sino que no había siquiera un sistema escolar público. Antes de la década de 1830, el estado no interfería en la educación en absoluto. Después de 1833, el Estado empezó a hacer concesiones cada vez mayores para promover indirectamente la educación de los pobres en escuelas privadas. Esto era estrictamente filantrópico y no había ningún rastro de obligación. Finalmente, se introdujo la obligación en la educación inglesa en la famosa Ley de Educación de 1870. Esta ley permitía a los consejos de condado a hacer obligatoria la asistencia. El condado de Londres lo hizo inmediatamente para niños entre cinco y trece años y otros pueblos grandes le siguieron. Los condados rurales, sin embargo, fueron reticentes a imponer la asistencia obligatoria. En 1876, el 50% de la población escolar estaba bajo obligación en Gran Bretaña y un 84% de los niños de las ciudades.[27] La Ley de 1876 creaba consejos de asistencia escolar en aquellas zonas en que no hubiera consejos escolares y la asistencia era obligatoria en todas esas zonas remotas, excepto cuando lo niños vivían a más de dos millas de la escuela. Finalmente, la Ley de 1880 obligaba a todos los consejos escolares de condados a decretar y aplicar la asistencia obligatoria. Así, en una década, la educación obligatoria había conquistado Inglaterra.

El gran historiador legal A.V. Dicey analizaba esta evolución en términos inequívocos, como parte del movimiento hacia el colectivismo:

Significa, en primer lugar, que A, que educa a sus hijos a su propia costa o no tiene hijos para educar, se ve obligado a pagar por la educación de los hijos de S, que, aunque quizá tenga medios para pagarla, prefiere que el pago tenga que venir de los bolsillos de sus vecinos. Tiende, en segundo lugar, en lo que se refiere a la educación elemental, a poner a los hijos de los ricos y de los pobres, de los previsores y de los imprevisores, en algo similar a una posición igual. Apunta, en resumen, a la igualación de las ventajas.[28]

El principio colectivista obligatorio representó una especie de enfrentamiento con la tradición individualista en Inglaterra. La notable Comisión Newcastle de 1861 rechazó la idea de la educación obligatoria sobre la base del principio individualista. La crítica mordaz del plan de educación estatal obligatoria como remate de una creciente tiranía del Estado fue planteada por Herbert Spencer[29] y

---

[26] Citas de Lafcadio Hearn, *Japan: An Interpretation*, (Nueva York: Macmillan, 1894), en Isabel Paterson, *The God of the Machine*, (Caldwell, Idaho: Caxton Printers, 1964).

[27] Howard C. Barnard, *A Short History of English Education, 1760-1944* (Londres: University of London Press, 1947). Estrictamente, el primer elemento obligatorio se introdujo en 1844, ya que algunas Leyes de Fábricas habían obligado a los niños a ser educados antes de empezar a trabajar.

[28] A.V. Dicey, *Lectures on the Relation between Law and Public Opinion in England During the Nineteenth Century* (Nueva York: Macmillan, 1948), pp. 276-278.

[29] En *The Man Versus the State* (Caldwell, Idaho: Caxton Printers, 1946). [Publicado en España como *El hombre contra el estado* (Madrid: Unión Editorial, 2012)].

por el eminente historiador y jurista Sir Henry Maine.[30] En años recientes, Arnold Toynbee ha apuntado cómo la educación estatal obligatoria perjudica el pensamiento independiente.[31]

El movimiento para la educación obligatoria en Inglaterra y Europa a finales del siglo XIX se vio impulsado por los sindicalistas, que querían una educación más popular, y las clases altas, que querían instruir a las masas en el ejercicio apropiado de sus derechos de voto. Cada grupo en la sociedad deseaba normalmente añadir al poder del estado sus políticas particulares, esperando que prevalecieran en el uso de ese poder.

El cambio de opinión en Inglaterra fue particularmente rápido en este asunto. Cuando Dicey escribía en 1905, declaraba que no podía encontrar a casi nadie que atacara la educación obligatoria. Por el contrario, cuando John Stuart Mill escribía *Sobre la libertad* en 1859, declaraba que no podía encontrar a casi nadie que no se opusiera con vigor a la educación obligatoria. Mill, curiosamente, apoyaba la educación obligatoria, pero se oponía a la construcción de escuelas públicas y, en realidad, resultó que en Inglaterra la obligación llegó antes que las escuelas públicas en muchas zonas. Sin embargo, Mill al menos reconocía que la escolarización estatal obligatoria eliminaría la individualidad a favor de una uniformidad estatal y conduciría naturalmente a la obediencia al Estado.

El argumento de Mill a favor de la educación obligatoria fue rebatido con éxito por Spencer en *Social Statics*. Mill había afirmado que en educación el consumidor no sabe lo que es mejor para él y que por tanto el gobierno está justificado para intervenir. Pero, como apunta Spencer, esta ha sido la excusa para casi cualquier ejercicio de la tiranía del estado. La única prueba adecuada digna de confianza es el juicio del consumidor que realmente usa el producto. Y el juicio del Estado está condenado a estar dirigido por sus propios intereses despóticos.

Otro argumento común en Inglaterra para la educación obligatoria era asimismo prevalente en Estados Unidos. Era el argumento de Macauley: la educación eliminaría el delito y como es tarea del Estado reprimir el delito, el Estado debería instituir la educación obligatoria. Spencer demostró lo engañoso de este argumento, demostrando que el delito tiene poco que ver con la educación. Esto se ha hecho ahora completamente evidente, un vistazo a nuestra tasa creciente de delincuencia juvenil en los Estados Unidos de la educación obligatoria es prueba suficiente de ello. Spencer investigó las estadísticas de su tiempo y demostró que no había correlación entre zonas con mala educación y zonas criminales; de hecho, en muchos casos, la correlación era la inversa: a más educación, más delito.

FASCISMO, NAZISMO Y COMUNISMO

Una acusación grave e incontestable contra la educación estatal obligatoria es que estos totalitarismos modernos deseaban instituir la escolarización estatal obligatoria en sus regímenes. De hecho, el adoctrinamiento de la juventud en sus escuelas fue uno de los soportes de estos estados esclavistas. En realidad, la diferencia principal entre los horrores del siglo XX y los viejos despotismos es que los actuales tuvieron que basarse más directamente en el apoyo de las masas y por tanto la alfabetización y adoctrinamiento obligatorios han sido esenciales. El sistema estatal obligatorio ya desarrollado fue la molienda para el molino totalitario.[32] En la base del totalitarismo y la educación obligatoria está la idea de que los niños pertenecen al Estado en lugar de a sus padres. Uno de los principales promotores de esa idea en Europa fue el famoso Marqués de Sade, que insistía en que los niños eran propiedad del Estado.

---

[30] Sir Henry Maine, *Popular Government* (Indianapolis, Ind.: Liberty Classics, [I885I 1976).

[31] Arnold J. Toynbee, *A Study of History*, 10 vols. (Nueva York: Oxford University Press, 1962), vol. 4, pp.
196-197. [Publicado en España como *Estudio de la historia* (Barcelona: Planeta, 1985)].

No hay necesidad de preocuparse por la educación en los países comunistas. Los países comunistas imponen la escolarización estatal obligatoria y aplican un rígido adoctrinamiento de obediencia a los gobernantes. La escolarización obligatoria se complementa con monopolios estatales en otros campos educativos y de propaganda.

Igualmente, la educación nacionalsocialista subordinaba el individuo al Estado y obligaba a la obediencia. La educación pertenecía exclusivamente al estado nacionalsocialista para el adoctrinamiento en sus principios.

Un uso similar de las escuelas estatales y el adoctrinamiento para la obediencia al Estado absoluto se empleó en la Italia fascista. Italia es particularmente interesante por las actividades del primer Ministro de Educación fascista, Giovanni Gentile. Pues en la vieja y laxa Italia, la educación había estimulado el desarrollo intelectual del niño individual y su aprendizaje de asignaturas. El régimen fascista de Gentile instituyó los métodos de la moderna «educación progresista». Introdujo y destacó el trabajo manual, el canto, el dibujo y los juegos. Se obligaba a la asistencia bajo la amenaza de multas. Significativamente, Gentile enseñaba que «la educación debe lograrse mediante la experiencia, debe lograrse mediante la acción».[33] Los niños eran libres para aprender mediante sus propias experiencias, por supuesto «dentro de los límites necesarios para el desarrollo de la cultura». Por tanto, no había programas obligatorios, sino que los niños eran libres de hacer lo que quisieran, poniendo solo énfasis en el estudio «de los héroes como Mussolini como símbolos del espíritu nacional».[34]

---

[32] Ver Erik von Kuehnelt-Leddihn, *Liberty or Equality* (Caldwell, Idaho: Caxton Printers, 1952), pp. 63-64. [Publicado en España como *Libertad o igualdad* (Madrid: Rialp, 1962)].

[33] La similitud con el dicho de John Dewey de «aprender haciendo» es evidente. Esto se

explicará más adelante. Ver Franklin L. Burdette, «Politics and Education», pp. 410-423, esp. 419, en *Twentieth Century Political Thought*, ed. J. Roucek (Nueva York: Philosophical Library, 1946).

[34] Ver, entre otros, H.W. Schneider y S.B. Clough, *Making Fascists* (Chicago: University of Chicago Press, 1929); George F. Kneller, *The Educational Philosophy of National Socialism* (New Haven, Conn.: Yale University Press, 1941); Walter Lando, «Basic Principles of National Socialist Education», *Education for Dynamic Citizenship* (Philadelphia: University of Pennsylvania Press, 1937); Howard R. Marraro, *The New Education in Italy* (Nueva York: S.F. Vauni, 1936); Albert P. Pinkevitch, *The New Education in the Soviet Republic* (Nueva York: John Day Company, 1929). También es de interés Edward H. Riesner, *Nationalism and Education Since 1789: A Social and Political History of Modern Education* (Nueva York: Macmillan, 1922), para conocer el trasfondo.

EDUCACIÓN OBLIGATORIA
EN ESTADOS UNIDOS

El desarrollo de la educación obligatoria

Quizá alguien crea que la identificación de la educación obligatoria con la tiranía no podría aplicarse a un país libre como Estados Unidos. Por el contrario, el espíritu e historia de la educación obligatoria en Estados Unidos apunta a peligros similares.

En la mayoría de las colonias americanas, la educación seguía la tradición inglesa, es decir educación parental voluntaria, siendo las únicas escuelas públicas las creadas para familias pobres con libertad para hacer uso de las instalaciones. Este sistema se originó en las colonias centrales y sureñas. La principal excepción fue Nueva Inglaterra, la bujía del sistema educativo colectivista en Estados Unidos. Frente a otras colonias, Nueva Inglaterra estaba dominada por la tradición calvinista entre los puritanos ingleses que colonizaron Massachusetts y posteriormente las demás colonias de Nueva Inglaterra.[35] Los despiadados y ascéticos puritanos que fundaron la Colonia de la Bahía de Massachusetts se apresuraron a adoptar el plan calvinista de educación obligatoria para asegurar la formación de buenos calvinistas y la supresión de cualquier posible disensión. Solo un año después de que se establecieran sus primeras leyes particulares, la Colonia de la Bahía de Massachusetts aprobó en 1642 una ley de alfabetización obligatoria para todos los niños. Además, siempre que los funcionarios del estado juzgaran que los padres o tutores eran inapropiados o incapaces de ocuparse adecuadamente de los niños, el estado podía apropiarse de los niños y ponerlos de aprendices de gente nombrada por el estado, que les darían la instrucción requerida.

Esta ley del 14 de junio de 1642 fue notable porque fue la primera institución de educación obligatoria en el mundo angloparlante. Por tanto, merece ser citada con algún detalle:

Pues en la medida en que la buena educación de los hijos es un beneficio singular para cualquier comunidad y ya que muchos padres y maestros son demasiado indulgentes y negligentes en su tarea de este tipo, se ordena que los concejales de cada pueblo (...) tengan un ojo vigilante sobre sus vecinos, para ver primero que nadie sufrirá tanto barbarismo en cualquiera de sus familias, como para no dedicarse a enseñar, por sí mismos o por otros, a sus hijos y aprendices.[36]

En 1647 la colonia siguió esta ley con el establecimiento de escuelas públicas. El mayor énfasis en la educación obligatoria se daba en la enseñanza de los principios calvinistas-puritanos.

Es importante que la ligeramente más antigua y más liberal religiosamente colonia de los Peregrinos de Plymouth no estableció un sistema educativo obligatorio. Sin embargo, cuando la colonia de Plymouth se integró en la Bahía de Massachusetts, prevalecieron las leyes educativas de esta última.

¿Cuál fue el tipo de gobierno que creó el primer sistema educativo obligatorio angloparlante del mundo, la futura inspiración para los sistemas educativos de los demás estados? El espíritu del gobierno era el absolutismo calvinista. Todos en la colonia estaban obligados a asistir a la Iglesia Congregacional, aunque no todos podían ser miembros de esta. Solo los miembros de la Iglesia podían sin embargo votar en las elecciones estatales. Los principios de este gobierno teocrático eran los de «orden», con el superior y el inferior colocados en su lugar apropiado. La autoridad ministerial de los ancianos de la iglesia iba a prevalecer. Para ser admitido en la iglesia (y tener derecho de voto), el candidato tenía que ser examinado por los ancianos de la iglesia, que determinaban si había

«algo de Dios y de gracia» en su alma o no, y si por tanto era apropiado como miembro. Sin embargo, el gran líder espiritual puritano, el Rev. John Cotton, declaraba que los hipócritas que simplemente se ajustaban a las sentencias de los ancianos sin creencias interiores podrían conseguir ser miembros, siempre que no fueran ociosos en sus ocupaciones. Es interesante advertir que la colonia creó la Universidad de Harvard en una de sus primeras leyes, en 1636, como universidad estatal. Las autoridades declararon que las escuelas debían depender de los magistrados, para impedir la corrupción de doctrinas inapropiadas.

---

[35] John William Perrin, *The History of Compulsory Education in New England*, 1896; Lawrence Cremin, *The American Common School, an Historic Conception* (Teachers College, Nueva York, 1951) y Forest Chester Ensign, *Compulsory School Attendance and Child Labor* (Iowa City: Athens Press, 1921).

[36] Perrin, *The History of Compulsory Education in New England*.

Otro importante ministro y gobernante puritano, el Rev. William Hubbard declaró que «se descubre por experiencia (...) que la mayor parte de la humanidad no son sino herramientas e instrumentos para que trabajen otros, en lugar de un agente apropiado para hacer algo de sí mismos». Siempre hay ovejas que necesitan un pastor. Los magistrados son la fuerza gobernante, la «cabeza» de la sociedad. El Rev. John Davenport aconsejaba a los electores elegir buenos gobernantes, porque era imperativo someterse a la autoridad del gobernante.

Debéis someteros a su autoridad y realizar todas las tareas para aquellos que habéis elegido (...) ya sean buenos o malos, en virtud de su relación entre ellos y vosotros.

Así que la democracia formal pronto se vio compatible con el despotismo de los gobernantes sobre los gobernados.

La influencia más importante en dar forma a la Colonia de la Bahía de Massachusetts fue su primer gobernador, John Winthrop, que dirigió la colonia durante veinte años desde su toma de posesión en 1630. Winthrop creía que la libertad natural es una «bestia salvaje» que debe ser limitada por «orden de Dios». La libertad civil correcta significa ser bueno «en forma de sometimiento a la autoridad». Winthrop consideraba que cualquier oposición a las políticas del gobernador, particularmente cuando el gobernador era él, como una grave sedición.

El gobierno de Massachusetts era intransigente en mantener estos principios. Los herejes y las supuestas brujas eran perseguidos y acosados y se obligaba a la austeridad puritana y la estricta conformidad en casi todas las áreas de la vida. Los disidentes, como Roger Williams y Anne Hutchinson, tuvieron que abandonar la colonia.

Los puritanos pronto se extendieron a otros estados y Connecticut fue gobernado con el mismo espíritu. Rhode Island, sin embargo, era mucho más liberal y no es coincidencia que fuera la excepción en Nueva Inglaterra en establecer sistemas de escuelas estatales durante el periodo colonial.

Durante el siglo XVIII, la severidad religiosa colonial debilitó gradualmente su influjo en la comunidad. Aparecieron y florecieron más sectas. Sin embargo, Massachusetts y Connecticut aprobaron leyes represivas contra los cuáqueros, prohibiéndoles también fundar escuelas. Además, Connecticut, en un vano intento de suprimir el movimiento de la «nueva luz», aprobó en 1742 una ley que les prohibía fundar nuevas escuelas. Sus razones: que esto «puede tender a enseñar a la juventud principios y prácticas e introducir tales desórdenes que pueden ser de consecuencias fatales para la paz pública y el bien común de esta colonia».[37]

Parte de la motivación para el adoctrinamiento religioso y la educación obligatoria en el periodo colonial fue económica. Se necesitaba especialmente que los sirvientes fueran instruidos, ya que muchos maestros creían que los servidores tendían a ser menos independientes y a no «dar problemas» cuando se los imbuía en el catecismo y la Biblia Puritana.

Finalmente, la Guerra de Independencia interrumpió todo el sistema educativo y los estados independientes estaban listos para empezar de nuevo. Los nuevos estados tuvieron casi el mismo problema que tuvieron como colonias. De nuevo Massachusetts abrió el camino para establecer una educación obligatoria, que sus leyes coloniales siempre habían proporcionado. Dio el inusual paso de incluir en su constitución estatal de 1780 una disposición que concedía expresamente autoridad al parlamento para aplicar la asistencia obligatoria a la escuela. Esta autoridad se ejerció de inmediato y en 1789 la asistencia escolar se hizo obligatoria en Massachusetts.

Connecticut le siguió en 1805 con una ley que obligaba a todos los padres a educar a sus hijos. Connecticut siguió a esta alfabetización obligatoria con una ley de 1842 que requería que todos los niños trabajadores con menos de quince años asistieran a la escuela durante tres meses durante un año, añadiendo así una escolarización obligatoria a sus leyes de educación o alfabetización obligatoria elemental general. Las leyes de Massachusetts eran sin embargo tolerantes con los que no acudían a clase y en 1845 Boston trató de aprobar una ley contra las ausencias de los niños sin empleo, pero no lo logró debido a que los derechos de los padres se veían amenazados. Sin embargo, la propuesta se aprobó en 1846. En 1850, Massachusetts autorizó a sus pueblos a tomar medidas contra los ausentes habituales y previó que podían ser enviados a prisión. Finalmente, en 1852, Massachusetts aprobó el primer sistema moderno de educación obligatoria en todo un estado de Estados Unidos. Preveía que todos los niños entre ocho y catorce años tenían que asistir a la escuela al menos trece semanas cada año. Massachusetts, a lo largo del resto del siglo, continuó extendiendo y fortaleciendo sus leyes obligatorias de educación. En 1862, por ejemplo, hizo obligatorio el encarcelamiento de que los niños que se ausentaban habitualmente y extendió la edad escolar a entre siete y dieciséis años. En 1866, la asistencia a la escuela se hizo obligatoria durante seis meses del año.

No es este lugar para una explicación de la «batalla por las escuelas públicas» que transformó el sistema educativo estadounidense de 1800 a 1850. Se analizará el objetivo de los defensores del movimiento. Pero basta con decir que, entre 1825 y 1850, el trabajo de propaganda fue tal que los estados de fuera de Nueva Inglaterra pasaron de un sistema sin escuelas públicas, o solo para pobres, a la creación de escuelas gratuitas disponibles para todos. Además, el espíritu de las escuelas había cambiado de la filantropía para los pobres a algo a lo que todos los niños se les inducía a atender. En 1850, todos los estados tenían una red de escuelas públicas gratuitas.

En 1850, todos los estados tenían escuelas públicas, pero solo Massachusetts y Connecticut estaban imponiendo la obligación. El movimiento por la escolarización obligatoria conquistó todo Estados Unidos a finales del siglo XIX. Massachusetts inició el desfile y todos los demás estados le

[37] Merle E. Curti, *The Social Ideas* of *American Educators* (Paterson, N.J.: Pageant Books, 1959).

siguieron, principalmente en las décadas de 1870 y 1880. En 1900, casi todos los estados estaban aplicando la asistencia obligatoria.[38]

Parece que hubo poco debate sobre el tema de la escolarización obligatoria. Solo podemos adivinar la razón para este olvido de un asunto fundamental, un olvido que es más evidente aún en toda historia de la educación. Bien puede ser porque los «educacionistas» profesionales sabían que el asunto sería delicado si se exponía indebidamente al debate público. Después de citar algunas de las opiniones a favor y en contra de las leyes de escolarización obligatoria, investigaremos el desarrollo de los «educacionistas» y sus movimientos de propaganda, ya que fueron esenciales para establecer escuelas públicas y dirigir su funcionamiento hasta hoy.

ARGUMENTOS A FAVOR Y EN CONTRA DE LA OBLIGACIÓN EN ESTADOS UNIDOS

La tradición individualista en esta materia está bien representada a principios del siglo XIX por Thomas Jefferson. Aunque era un fervoroso defensor de las escuelas públicas para ayudar a los pobres, Jefferson rechazaba de plano la obligación:

Es mejor tolerar el raro caso de un padre rechazando dejar que se eduque su hijo que sacudir los sentimientos e ideas comunes con el transporte y educación forzosos del niño contra la voluntad del padre.[39]

Igualmente, un compañero virginiano de ese tiempo advertía en contra de cualquier transferencia de los derechos de los padres al gobierno, poniendo así en peligro la relación entre padre e hijo.[40]

Sin embargo, a finales del siglo XIX la tradición individualista había declinado fuertemente. Típico en el apoyo de la educación obligatoria era un informe preparado por uno de los grupos educacionistas profesionales, la Public Education Association de Philadelphia, en 1898.[41] Resolvía que mientras hubiera padres ignorantes o egoístas, debía usarse la compulsión para salvaguardar los derechos del niño. El informe se quejaba de que la Ley de Educación Obligatoria de Pennsylvania de 1895 no tenía efecto en la ciudad de Philadelphia y recomendaba que fuera así. Indicaba que una de las fuerzas principales para esas leyes venía del incipiente movimiento sindical.[42]

El informe alababa calurosamente el sistema prusiano y su historial de asistencia obligatoria. Alababa a Massachusetts y Prusia por sus sistemas de permitir solo escolarización en escuelas privadas cuando cumplieran los requisitos impuestos por el comité escolar del gobierno. También alababa el hecho de que Massachusetts y Nueva York hubieran creado escuelas para niños que hacían novillos y si los padres rechazaban dar permiso para que sus hijos fueran enviados allí, los tribunales podían obligar a las instituciones a hacerlo.

---

[38] Para una lista de las fechas de establecimiento de las leyes de obligación, cf. Edgar W. Knight, y Clifton
L. Hall, *Readings* in *American Educations History* (Nueva York: Appleton-Century, Crofts, 1951). Para un gráfico detallado de las leyes de educación obligatoria en vigor en diversos estados en 1905, ver *Report of the Commissioner of Education for 1906,* cap. 28, «Compulsory Attendance and its Relation to the General Welfare of the Child» (Washington, D.C.: U.S. Government Printing Office, 1906).

[39] Cf. Saul K. Padover, *Jefferson* (Nueva York: Harcourt, Brace and Company, 1942), p. 169.

[40] «A Constituent», *Richmond (Va.) Enquirer,* Enero de 1818.

[41] *Compulsory Education,* preparado para la Public Education Association de Philadelphia, 1898.

[42] Cf. Philip Curoe, *Educational Attitudes and Policies of Organized Labor in the United States* (Nueva York: Teachers College, Columbia University, 1926).

El espíritu de los educacionistas profesionales se ve en algunas de las declaraciones mencionadas en este informe. Así, un educador de Brooklyn criticaba el sistema existente de licenciar a los niños que no fueran a clase el 31 de julio de cada año y defender que la sentencia debería extenderse indefinidamente hasta que se demostrara voluntad de reformarse o hasta que el niño pasara de la edad escolar.

En otras palabras, el completo secuestro y encarcelamiento de que los jóvenes que no vayan a la escuela. Un superintendente escolar de Newburgh, Nueva York, sugería que los niños de más de catorce años que no hubieran ido a clase y que estuvieran por tanto por encima de la edad límite de la obligación, deberían ser obligados a acudir a las escuelas para formación manual, música y ejercicios militares.

Prusia era también el ideal para un importante periódico que defendía la educación obligatoria. El influyente *New York Sun* declaraba que los niños debían tener educación y que debería obligárseles a recibirla del Estado y alababa la universalidad de sistema de educación obligatoria en Prusia y otros estados alemanes.[43]

En 1872, el secretario B.G. Northrup, del Consejo de Educación del Estado de Connecticut creía que era evidente que los niños tenían «derecho sagrado» a la «educación y que crecer en la ignorancia era un «crimen». (Ya hemos visto en la primera sección que todos, incluyendo los analfabetos, tienen «educación», incluso si no se les instruye formalmente).

El principal grupo educacionista, la National Education Association, resolvió en su reunión de 1897 a favor de leyes estatales de asistencia obligatoria.[44]

Así vemos que los educacionistas profesionales eran la principal fuerza, ayudados por los sindicatos, para imponer la educación obligatoria en Estados Unidos.

Hubo un repunte de oposición a la educación obligatoria a principios de la década de 1890, pero para entonces el movimiento estaba en camino hacia una clara victoria. Dos veces, en 1891 y 1893, el gobernador Pattison de Pennsylvania, un estado con tradición en libertad de educación, vetó las propuestas de ley de educación obligatoria sobre la base de que interferir en la libertad personal de los padres era anti-estadounidense por principio. Sin embargo, la ley se aprobó en 1895, cuando el gobernador Hasting la sancionó con grandes reticencias.[45] La Plataforma Nacional del Partido Demócrata declaró:

Nos oponemos a la interferencia del estado en los derechos de los padres y el derecho de conciencia a la educación de niño como una infracción de la doctrina demócrata

---

[43] *New York Sun*, 16 de abril 1867.

[44] *Journal of Proceedings and Addresses*, N.E.A., 1897, p. 196.

[45] Knight y Hall, *Readings in American Educational History*.

fundamental de que la mayor libertad individual compatible con los derechos de otros asegura el mejor tipo de ciudadanía estadounidense y el mejor gobierno.[46]

LOS OBJETIVOS DE LA ESCOLARIZACIÓN PÚBLICA: EL MOVIMIENTO EDUCACIONISTA

Es importante considerar los objetivos de la creación de escuelas públicas, particularmente ya que los educadores profesionales fueron la fuerza principal tanto en la creación de escuelas comunales gratuitas como de la instrucción obligatoria. En primer lugar, el deseo de escuelas públicas por cuasi-libertarios como Thomas Jefferson y Thomas Paine se basaba en una creencia de que el gobierno republicano se adaptaba mejor a ciudadanos bien formados y de que el gobierno debía hacer esas instituciones disponibles para los demasiado pobres como para pagarlas privadamente.[47] Indudablemente, muchos de los que defendían la creación de escuelas públicas lo hacían solo por esta razón.

Había sin embargo otros objetivos más peligrosos, particularmente entre los educacionistas que eran la fuerza impulsora principal y tomaron el control de los consejos escolares de educación y las escuelas de formación de maestros que enseñaban a los profesores públicos. Ya en 1785, el Rev. Jeremy Belknap, predicando ante el Tribunal General de New Hampshire, defendía una educación igual y obligatoria para todos, destacando que los niños pertenecían al Estado y no a sus padres.[48] El influyente Benjamin Rush quería una educación general para establecer una nación uniforme, homogénea e igualitaria.

La doctrina de la obediencia al Estado fue el objetivo principal del padre del sistema de escuela pública en Carolina del Norte, Archibald D. Murphey. En 1816, Murphey planeaba así un sistema de escuelas estatales:

Allí se enseñaría a todos los niños (…) en estas escuelas deberían inculcarse los preceptos de la moralidad y la religión y formarse los hábitos de la subordinación y la obediencia. (...) El estado, en la calidez de su solicitud por su bienestar, debe hacerse cargo de esos niños y llevarlos a la escuela, donde sus mentes puedan ilustrarse y sus corazones puedan formarse en la virtud.[49]

En la década de 1820, sus objetivos de obligación y estatismo ya estaban germinando en todo el país y florecían particularmente en Nueva Inglaterra, aunque la tradición individualista seguía siendo fuerte. Un factor que aumentaba el poder de Nueva Inglaterra en la difusión de la idea colectivista en la educación era la enorme emigración desde esa zona. La gente de Nueva Inglaterra se extendió hacia el sur y el oeste y llevó con ella su celo por la escolarización pública y por la compulsión del Estado.

---

[46] Ibíd. y H.L. Mencken, *A New Dictionary of Quotations on Historical Principles from Ancient and Modern Sources* (New York: A.A. Knopf, 1942), pp. 333-334.

[47] Cremin, *The History of Compulsory Education in New England.*

[48] Hans Kohn, *The Idea of Nationalism: A Study in Its Origins and Background* (Nueva York: Macmillan, 1934), p. 104.

[49] Archibald D. Murphey, *The Papers of Archibald D. Murphey*, 2 vols. (Raleigh, N.C.: E.M. Uzzell, 1914), pp. 53-54.

En este ambiente se inyectó lo más cercano que había visto el país a la idea de Platón de un control comunista total del Estado sobre los niños. Este era el plan de dos de los primeros socialistas en Estados Unidos: Frances Wright y Robert Dale Owen. Owen era hijo de uno de los primeros socialistas «utópicos» y, con Robert Owen, su padre, había realizado un experimento de comunidad comunista voluntaria en New Harmony, Indiana. Frances Wright era una escocesa que también había estado en New Harmony y, con Owen, abrió un periódico llamado el *Free Enquirer*. El objetivo principal era hacer campaña para su sistema de educación obligatoria. Wright y Owen diseñaron su plan como sigue:

Es la educación nacional, racional y republicana, gratuita para todos a costa de todos, dirigida bajo la tutela del Estado y para el honor, la felicidad, la virtud y la salvación del estado.[50]

El principal objetivo del plan era que se implantara la igualdad en las mentes, las costumbres, los modales y los sentimientos, de forma que fortunas y condiciones e igualaran. En lugar de un intrincado aparato de escuelas comunales, institutos, seminarios, etc., Wright y Owen defendían que los estados simplemente organizaran una serie de instituciones para la «recepción general» de todos los niños que vivieran dentro del distrito. Estos establecimientos se dedicarían a formar completamente los grupos de niños de diversas edades. Los niños se verían obligados a vivir en estos lugares veinticuatro horas al día. A los padres se les permitiría visitar a sus hijos de vez en cuando. Desde los dos años, todo niño estaría bajo el cuidado y guía del estado.

En estas guarderías de una nación libre no se permitiría que apareciera ninguna desigualdad. Alimentados en un comedor común, vestidos con ropa común (...) criados en el ejercicio de tareas comunes (...) en el ejercicio de las mismas virtudes, en el disfrute de los mismos placeres, en el estudio de la misma naturaleza, en busca del mismo objeto (...) ¡Decid! ¿Esa raza (...) no realizaría la reforma de la sociedad y perfeccionaría las instituciones libres de Estados Unidos?

Owen era muy insistente en que el sistema de no «aceptar nada que sea menos que todo el pueblo». El efecto sería «regenerar Estados unidos en una generación. No creará sino una clase a partir de muchas». Frances Wright revelaba abiertamente el objetivo del sistema, pidiendo a la gente que derrocara a la aristocracia del dinero y la jerarquía sacerdotal. «Esto es una guerra de clases».

Así que vemos que se había introducido un nuevo elemento en el antiguo uso de la educación obligatoria a favor del absolutismo del Estado. Un segundo objetivo era la igualdad y uniformidad absoluta y Owen y Wright veían como idealmente apropiado para esta tarea un sistema de escuela obligatoria. Primero las costumbres y las mentes y sentimientos de todos los niños debían modelarse en la igualdad absoluta y luego la nación estaría lista para el paso final de la igualación de las propiedades y rentas por medio de la coacción del Estado.

¿Por qué insistían Owen y Wright en apropiarse de los niños durante veinticuatro horas al día, solo liberándolos cuando se pasara la edad escolar con dieciséis años? Como declaraba Owen:

En las escuelas republicanas no debe haber ninguna tentación que haga crecer los prejuicios aristocráticos. Los pupilos deben aprender a considerarse a sí mismos como conciudadanos, como iguales. El respeto no tendría que tenerse con los ricos o no tenerse con los pobres. Así que, si los niños de estas escuelas estatales se fueran todas las tardes, uno con sus padres ricos a su salón enmoquetado y otro a la incómoda cabaña de su pobre padre o su madre viuda, ¿volverían al día siguiente como amigos e iguales?

Igualmente, las diferencias en la calidad de la ropa invocaban sentimientos de envidia por parte de los pobres y desdén por los ricos, lo que debía eliminarse obligando a ambos a un uniforme. En todos estos planes se ve el odio a la diversidad humana, particularmente a los niveles superiores de vida de los ricos comparados con los de los pobres. Para llevar a cabo este plan de completa igualación por la fuerza, las escuelas deben no solo recibir a los niños durante seis horas al día, sino que asimismo deben alimentarles, vestirles, alojarles; deben dirigir no solo sus estudios, sino también sus ocupaciones y diversiones y deben cuidar de ellos hasta que completen su educación.

---

[50] Robert Dale Owen y Frances Wright, *Tracts on Republican Government and National Education* (Londres, 1847). Ver también Cremin, *The History of Compulsory Education in New England*.

Podría afirmarse que el plan Owen-Wright no fue importante, que tuvo solo importancia para unos pocos chiflados y poca influencia. La verdad es la contraria. En primer lugar, el plan fue muy influyente: indudablemente las ideas de promover la igualdad eran dominantes en el pensamiento de los influyentes grupos de educacionistas que crearon y controlaron las escuelas públicas de la nación durante las décadas de 1830 y 1840. Además, el plan de Owen empuja toda la idea de escolarización estatal obligatoria hacia su conclusión lógica, no solo promoviendo el absolutismo del Estado y la igualdad absoluta (para lo cual el sistema está admirablemente preparado) sino asimismo porque Owen reconocía que tenía que educar al «niño completo» para moldear suficientemente las próximas generaciones. ¿No es probable que la deriva «progresista» para educar al «niño completo» busque moldear toda la personalidad del niño en lugar de la completa apropiación comunista obligatoria de Owen-Wright, que nadie en Estados Unidos aceptaría?

La influencia del plan Owen-Wright se atestigua por el hecho de que un historiador contemporáneo que alaba el movimiento de la escuela pública lo pone el primero en su historia y le dedica un espacio considerable.[51] Cremin informa de que muchos periódicos importantes reimprimieron ensayos de Owen sobre el plan y los aprobaron. Owen empezó a exponer su proyecto a finales de la década de 1820 y continuó hasta finales de la de 1840, cuando escribió el plan desarrollado con Miss Wright. Tuvo una considerable influencia en los grupos de trabajadores. Ejerció una gran influencia en muy conocido informe de un comité de trabajadores de Philadelphia en 1829 sobre la educación en Pennsylvania. El informe reclamaba igualdad y una educación igual y una formación adecuada para todos. Y este informe y otros similares «tuvieron una influencia considerable en abrir el camino para la legislación progresista de mediados de los treinta».[52]

Poco después, apareció en la escena estadounidense un

fenómeno notable: un grupo unido de educacionistas. Cremin los llama los «reformistas educacionales», cuya incansable propaganda fue esencial para impulsar las escuelas públicas, y que luego llegarían a controlar las escuelas mediante puestos en los consejos estatales de educación, como superintendentes, etc. y mediante el control de las instituciones de formación de maestros y por tanto de los maestros. El mismo grupo, bajo nombres distintos, continúa dominando la educación primaria y secundaria hasta hoy, con sus propias ideas y su jerga unitaria. Lo más importante es que han conseguido imponer sus estándaresen los requisitos de certificación estatal para maestros, de forma que nadie puede enseñar en una escuela pública sin seguir un curso de instrucción de formación de profesores dirigido por educacionistas. Fue este mismo grupo el que impulsó la educación obligatoria y defendió una educación cada vez más «progresista» y por tanto merece un análisis detallado.

---

[51] Cremin, op. cit, pp. 37 y ss.

[52] Ibíd.

Algunos estadounidenses se enorgullecen de que su sistema educativo nunca podría ser tiránico porque no está controlado federalmente, sino por los estados. Sin embargo, esto supone muy poca diferencia. Esto no solo significa que el gobierno, ya sea estatal o federal, sino que también los educacionistas, mediante asociaciones y revistas nacionales, están completamente coordinados. Por tanto, en la actualidad, los sistemas escolares están controlados nacional y centralizadamente y el control federal formal solo sería el paso final en el camino hacia la conformidad y el control nacional.

Otra importante fuente de tiranía y absolutismo en el sistema escolar es el hecho de que los maestros forman parte del funcionariado. En consecuencia, una vez se aprueba un examen formal (y esto tiene poca relación con la competencia real del maestro) y pasa un poco de tiempo, el maestro está en la nómina pública y se impone a los niños durante el resto de su vida laboral. La burocracia pública ha impulsado el funcionariado como una herramienta extraordinariamente poderosa para el atrincheramiento y el dominio permanente. La tiranía del voto mayoritario puede ser bastante molesta, pero al menos, si los gobernantes están sometidos al control democrático, tienen que agradar a la mayoría de los votantes. Pero los funcionarios públicos, que no pueden ser expulsados en las próximas elecciones, no están sometidos a ningún control democrático. Son tiranos permanentes. «Sacar algo de la política» para ponerlo abajo el funcionariado indudablemente sí «aumenta la confianza» de la burocracia. Los eleva a gobernadores absolutos casi perpetuos en su esfera de actividad. El hecho de que los maestros formen parte del funcionariado es una de las acusaciones más incriminatorias contra el sistema obligatorio estadounidense de hoy.

Por volver a los primeros educacionistas, las principales figuras en el movimiento fueron hombres de Nueva Inglaterra como Horace Mann, en Massachusetts, y Henry Barnard, en Connecticut. También James Carter, Calvin Stowe, Caleb Mills, Samuel Lewis y muchos otros.
¿Cuáles fueron sus métodos y sus objetivos?

Uno de los métodos para lograr sus objetivos era encontrar o fundar una serie de organizaciones educacionales entrelazadas. Una de las primeras fue el American Lyceum, organizado en 1826 por Josiah Holbrook. Un objetivo principal era influir y tratar de dominar los consejos estatales y locales de educación. En 1827, se inauguró en Pennsylvania la primera «Sociedad para la Promoción de las Escuelas Públicas». Esta sociedad se dedicó a un extenso programa de correspondencia, panfletos, notas de prensa, etc. Se formaron organizaciones similares a principios de la década de 1830 en todo el Oeste, con discursos, reuniones, memoriales a los parlamentos y cabildeo. Se formaron cientos de esas asociaciones en todo el territorio. Una de las principales fue el American

Institute of Instruction, creado en Nueva Inglaterra en 1830. Las reuniones anuales y trabajos de este instituto constituyeron uno de los principales repositorios y centros de movimientos educacionistas.

En segundo lugar, los educacionistas crearon revistas educacionistas por docenas, con las que diseminaban entre sus seguidores sus principios esenciales. Las principales fueron el *American Journal of Education*, los *American Annals of Education*, el *Common School Assistant* y el *Common School Journal*. La vía más importante de influencia educacionista era obtener cargos de liderazgo en los sistemas escolares estatales. Así, Horace Mann, editor del *Common School Journal*, se convirtió en secretario de Consejo de Educación de Massachusetts y sus informes anuales durante la década de 1840 fueron extremadamente influyentes para establecer la «línea» de los educacionistas. Henry Barnard se convirtió en secretario de Consejo de Educación de Connecticut, Calvin Wiley se convirtió en jefe de las escuelas públicas en Carolina del Norte, Caleb Mills en Indiana, Samuel Lewis en Ohio, etc.

Los educacionistas, especialmente bajo la influencia de Horace Mann, no llegaron a defender la educación obligatoria. Pero llegaron al punto de reclamar que todos fueran a escuelas públicas y de despreciar las escuelas privadas. Ansiaban especialmente inducir a todos a ir a las escuelas públicas de forma que todos pudieran ser moldeados en la dirección hacia la igualdad. El educacionista de Virginia, Charles Mercer, escribió un elogio de la escuela comunal que podría compararse con el plan de Owen:

La igualdad sobre la que se fundan nuestras instituciones no puede entrelazarse con las costumbres de pensamiento entre nuestra juventud y es evidente que se promocionaría enormemente si continuaran juntos durante el periodo más largo posible en las mismas escuelas de instrucción juvenil, para ser de la misma manera, dedicarse a las mismas competiciones, compartir los mismos recreos y diversiones y seguir los mismos estudios, en relación entre sí, bajo la misma disciplina y obedeciendo a la misma autoridad.

Y Mercer era el líder del movimiento educacionista en Virginia. La vigorosa defensa del papel nivelador de la escuela pública aparecía una y otra vez en la literatura educacionista. Samuel Lewis destacaba especialmente que las escuelas comunales tomarían una población diversa y la moldearían como «un pueblo»; Theodore Edson presumía de que en esas escuelas los niños buenos debían aprender a relacionarse con los malos, como tendrían que hacer en la vida posterior. El influyente Orville Taylor, editor del *Common School Assistant*, declaraba: «enviar a todos allí (a la escuela comunal): esa es la tarea». Y en 1837, con palabras muy similares a las de Mercer y Owen:

Donde los superiores y los inferiores son enseñados en la misma clase y con el mismo libro y por el mismo maestro. Esta es una educación republicana.[53]

De la mano de esos sentimientos iba el desprecio a las escuelas privadas. Este tema aparecía casi universalmente en los escritos educacionistas. James Carter lo destacaba en la década de 1820; Orville Taylor declamaba, en términos que recuerdan a los de Owen, que, si un niño rico era enviado a una escuela privada, se le enseñaría «que es mejor que un niño de la escuela pública. Esto no es republicanismo».

El pensamiento educacionista pensaba que era esencial inculcar a los niños principios morales y esto significaba también fe religiosa. Sin embargo, no podían ser sectarios y seguir induciendo a todos los grupos religiosos a enviar a sus hijos a escuelas públicas. Por tanto, decidieron enseñar los fundamentos del cristianismo protestante en las escuelas públicas como fe común de todos. Esta solución podría no haber sido muy evidente en el primer periodo, pero la fuerte inmigración de católicos poco después de la mitad del siglo creó dificultades insuperables en el programa. Otra faceta interesante de este periodo fue una indicación de la gran limitación impuesta a los educacionistas porque la instrucción seguía siendo voluntaria. Como los padres podían elegir enviar o no a sus hijos a las escuelas públicas, la burocracia de la enseñanza no podía aplicarse completamente: los padres seguían teniendo el control. Por tanto, no podía haber ningún absolutismo religioso. Además, Horace Mann insistía en que el maestro debía ser neutral sobre todos los temas políticos polémicos. Si no era estrictamente neutral, entonces los padres de opiniones opuestas no enviarían a sus hijos a las escuelas públicas y el ideal de educación uniforme e igual para todos se vería derrotado.

---

[53] *Common School Assistant,* vol. 2, 1837, p. 1. Para la declaración de Mercer, ver Charles Fenton Mercer, *A Discourse on Popular Education* (Princeton, 1826). La declaración de Mercer es anterior a la de Owen. Ver asimismo varios discursos anuales en el American Institute of Instruction.

Así vemos la enorme importancia de la educación voluntaria como un control a la tiranía. Las escuelas públicas tenían que mantenerse neutrales tanto política como religiosamente.[54] Un defecto básico en este plan, por supuesto, es que al tratar temas políticos y económicos es casi imposible tratarlos de forma inteligente y apropiada al tiempo que se es estrictamente neutral y se evita toda controversia. Sin embargo, es evidentemente el mejor plan, dada la creación de las escuelas públicas.

A los educacionistas les irritaban testas restricciones y buscaban un modelo prusiano en el que no aparecieran estas dificultades. En realidad, solo eran neutrales políticamente cuando no existían grandes polémicas e inculcaron el nacionalismo estadounidense y la uniformidad en el idioma. Calvin Stowe pedía la adopción de los métodos prusianos, aunque por supuesto afirmaba que en Estados Unidos los resultados serían republicanos y no despóticos. Stowe pedía la imposición universal del deber escolar en el mismo plano que el deber militar. El influyente Stowe hablaba en casi los mismos términos en 1836, como lo había hecho Martín Lutero tres siglos antes:

Si una consideración por la seguridad pública hace correcto que un gobierno obligue a los ciudadanos a realizar tareas militares cuando el país es invadido, la misma razón autoriza al gobierno a obligarles a proporcionar educación a sus hijos, pues a los enemigos no hay que temerlos tanto como a la ignorancia y el vicio. Un hombre no tiene más derecho a poner en peligro el estado endosándole una familia de niños ignorantes y malos del que tiene al admitir espías de un ejército invasor. Si es incapaz de educar a sus hijos, el estado debe ayudarle y, si no quiere, debe obligarle. La educación general es un medio de defensa más seguro y mucho más barato que el despliegue militar. (...) La educación popular no es tanto un deseo como una obligación (...) ya que la educación (...) la proporcionan los padres y la pagan quienes no se benefician por sus resultados, es por tanto un deber.[55]

Otro principio del sistema prusiano que admiraba Stowe era

una uniformidad obligatoria en el lenguaje. También alababa su vigorosa obligación de asistencia y sus leyes contra los novillos.

El informe de Stowe sobre la educación prusiana fue enormemente influyente entre los educacionistas y estos siguieron su liderazgo sobre el tema. Mann y Barnard tenían opiniones similares, aunque el primero dudaba sobre la obligación. Sin embargo, Barnard no dudaba. Alabando el sistema educativo prusiano, escribía:

La asistencia regular a la escuela sería objeto de un control específico y de la vigilancia más activa, pues esta es la fuente de la que fluyen todas las ventajas que puede producir la escuela. Sería muy afortunado que padres e hijos siempre decidieran por sí mismos. (...)

---

[54] Horace Mann's *Twelfth Annual Report*, p. 89.

[55] Calvin E. Stowe, *The Prussian System of Public Instruction and its Applicability to the United States*
(Cincinnati, 1830).

Desgraciadamente no es así, especialmente en las grandes ciudades. Aunque sea lamentable verse obligados a usar fuerza, casi siempre es necesario empezar con ella.[56]

La sinceridad de Horace Mann era ciertamente cuestionable. En sus informes anuales, denunciaba los derechos de propiedad y hablaba del control social y de la propiedad única de la comunidad. Por otro lado, aunque pedía donaciones para las escuelas a los industriales, abandonó esta línea y dejó de hablar de neutralidad política y declaró que aprobaba sin reservas el adoctrinamiento contra la democracia de Jackson y la oclocracia.[57] Henry Barnard también aprobaba el adoctrinamiento a favor de la propiedad en contra de la rebelión de las masas. Es evidente que a los educacionistas les irritaban enormemente las limitaciones del voluntarismo. Lo que hacía falta para permitir el adoctrinamiento del Estado y la uniformidad era el sistema prusiano de compulsión. Este se adoptó a finales del siglo XIX y se quitaron las caretas: la neutralidad ya no tendría que imponerse o reclamarse.

Otra declaración educacionista a favor de la autoridad del Estado la realizó el influyente Josiah Quincy, alcalde de Boston y presidente de Harvard, que declaraba en 1848 que todo niño debería ser educado para obedecer a la autoridad. George Emerson, en 1873, afirmaba que era muy necesario que la gente se acostumbrara desde sus primeros años a someterse a la autoridad. Estos comentarios se publicaron en las principales revistas educacionistas, *Common School Journal* y *School and Schoolmaster*, respectivamente. El influyente Jacob Abbott declaraba en 1856 que un maestro debe llevar a sus alumnos a aceptar el gobierno existente. El superintendente de Instrucción Pública de Indiana declaraba en 1853 que la política escolar era para moldear a todo el pueblo en un pueblo con un interés común.

LA EDUCACIÓN PROGRESISTA Y LA SITUACIÓN ACTUAL

Es evidente que hay poco tiempo o espacio aquí para entrar en una explicación extensa del muy criticado sistema de educación permisiva-progresista y el estado actual de la enseñanza en las escuelas públicas. Sin embargo, aparecen ciertas consideraciones generales, particularmente a la vista del triunfo del sistema de Rousseau-Pestalozzi-Dewey en este país desde 1900:

1.   El efecto de la educación progresista es destruir el pensamiento independiente en el niño, en realidad de reprimir cualquier pensamiento. Por el contrario, los niños aprenden a reverenciar ciertos símbolos heroicos (Gentile) o a seguir el dominio del «grupo» como en *Japan*, de Lafcadio Hearn). Así, a los sujetos se les enseña lo mínimo posible, ya que el niño tiene pocas oportunidades de desarrollar ningún poder sistemático de razonamiento en el estudio de los cursos definidos. Este programa se ha llevado a cabo en el instituto, de forma que muchos bachilleres ignoran la escritura o lectura elementales y no pueden escribir una frase coherente. Los educacionistas que gobiernan están en vías de establecer universidades de este tipo, en las que no habría cursos sistemáticos y han tenido ya bastante éxito en el caso de sus escuelas de formación de maestros. La política de dejar al niño «que haga lo que quiera» es insidiosa, ya que se anima a los niños a continuar siempre en su nivel superficial original, sin recibir guía en los estudios. Además, las cuatro reglas, las herramientas esenciales, se olvidan tanto como es posible, con el resultado de que la posibilidad de que el niño desarrolle su mente se retrasa mucho. La política de enseñar palabras mediante imágenes en lugar de mediante el alfabeto tiende a privar al joven de la mejor herramienta de

razonamiento de todas las que existen.

2.   Igualdad y uniformidad se buscan más que nunca, incluso bajo el pretexto de dejar que las personas hagan lo que quieran. El plan es abolir las notas con las que se conoce el grado de progreso de los niños mejores y peores y en su lugar calificar «subjetivamente» o no calificar en absoluto. La calificación subjetiva es un plan monstruoso para calificar a cada alumno sobre la base de las habilidades que el maestro piensa que tiene el niño, siendo la calificación el grado en que el niño cumple con estas capacidades. Esto supone un hándicap terrible para los estudiantes brillantes y concede privilegios especiales a los tontos, que pueden obtener sobresalientes si no son más tontos de lo que son en realidad. Los estudios tienden así a rebajarse a mínimo denominador común, en lugar de a la media (para no «frustrar» a los más tontos). En consecuencia, a los alumnos brillantes se les quitan los incentivos u oportunidades de estudiar y a los vagos se les anima a creer que el éxito, en forma de notas, promociones, etc. les llegará automáticamente.

Se suprime la individualidad al enseñar a todos a ajustarse al «grupo». Todo el énfasis se pone en el «grupo» y el grupo vota, gestiona sus asuntos por mayoría, etc. Como consecuencia, se enseña a los niños a buscar la verdad en la opinión de la mayoría, en lugar de en su propia investigación independiente o en la inteligencia del mejor en ese campo. Se prepara a los niños para la democracia haciéndoles discutir acontecimientos actuales sin aprender primero los temas sistemáticos (política, economía, historia) que son necesarios para discutirlos. El efecto topo consiste en sustituir el pensamiento individual ponderado por lemas y opiniones superficiales. Y la opinión es la del mínimo denominador común del grupo.

Está claro que uno de los grandes problemas viene del grupo más tonto. Los educacionistas progresistas vieron que a lo más tontos no se les podía enseñar temas difíciles o incluso simples. En lugar de llegar a la conclusión lógica de abandonar la educación obligatoria para los ineducables, decidieron rebajar la educación al mínimo nivel, de forma que los más tontos pudieran entenderla, en la práctica, buscar la eliminación completa de asignaturas y notas.

---

[56] Henry Barnard, *National Education in Europe* (Nueva York, 1854).

[57] Comparar con Cremin, *The History of Compulsory Education in New England and Curti, The Social Ideas of American Educators*.

3.   El énfasis en «banalidades» (educación física, juegos y numerosas asignaturas triviales) tiene también el efecto de ser comprensibles para los más tontos y por tanto aseguran una instrucción completamente igual para todos. Además, cuanto más se destaquen esas asignaturas, menos espacio queda para el pensamiento sistemático.

4.   La idea de que la escuela no debería solo enseñar asignaturas, sino educar al «niño completo» en todas las fases de la vida, es evidentemente un intento de arrogar al Estado todas las funciones del hogar. En un intento de lograr el moldeado del niño sin apropiarse realmente de él como en los planes de Platón u Owen.

5.   Indudablemente, el efecto de todo esto es alimentar la dependencia del individuo respecto del grupo o del Estado.

www.ingramcontent.com/pod-product-compliance
Lightning Source LLC
Chambersburg PA
CBHW050044260726
48658CB00005B/1770